Nicole Steffens

Glücksorte in und um Limburg

Fahr hin & werd glücklich

Dieses

Glücksbuch

ist für

Liebe Glücksuchende,

dieses Buch möchte Sie für die Glücksorte der Domstadt und des Umkreises begeistern. Zu Begegnungen mit besonderen Menschen und deren Initiativen inspirieren. Für atemberaubende Ausflüge in der Region gewinnen und Sie neugierig auf hochkarätige Kunst machen.

In Limburg scheint jeder jeden und alles zu kennen. Gleichzeitig lässt sich neben dem offiziell als sehenswert Eingestuften erstaunlich viel Neues entdecken.

Obwohl ich in der Region geboren und aufgewachsen bin, habe ich meine Heimat während der Recherche für „Glücksorte in und um Limburg" neu kennengelernt. Ich habe faszinierende, entspannende und einzigartige Orte wie den Hundertwassergarten und das Rosenhangmuseum besucht. Intensive Momente im Hutworkshop und während der unterschiedlichsten Themenwanderungen erlebt. Musik auf internationalem Niveau an einmaligen Orten gehört und kulinarische Entdeckungen gemacht. Außerdem durfte ich Details zu Dom und Stadtgeschichte erfahren, die meinen Blick auf die Altstadt verändert haben.

Ich wünsche viel Freude beim Stöbern und Lesen, beim Planen einer Auszeit oder eines kleinen Urlaubs. Viel Spaß beim Glücklichsein.

Ihre Nicole Steffens

Schreiben Sie mir, welcher Ort Ihr persönlicher Favorit ist?
schreibnicolesteffens@gmail.com

GLÜCK

Deine Glücksorte ...

... noch mehr Glück für dich

Sagenhaftes Freilichtmuseum

1 Die außergewöhnliche Limburger Altstadt

Die Limburger Altstadt ist ein frei zugängliches Kunstmuseum. Neben historischen Fakten lassen sich hier unzählige Sagen und Geschichten aus vergangenen Zeiten nachvollziehen. Weil der Tuchhandel die Limburger reich machte, konnten sie sich ab dem späten 15. Jahrhundert großzügige Häuser mit aufwendigen Verzierungen leisten. Der Anblick der ernsten oder humorvollen, schlichten oder prunkvollen Kunstschätze lädt bis heute zum genaueren Betrachten ein. An Giebeln und Balken, in Erkern und an Hauswänden finden sich sagenhafte Gestalten aus den unterschiedlichsten Epochen. Ein kurioses Denkmal für einen berüchtigten Raubritter steht auf der Plötze, der Brunnen „Ritter Hattstein". Aus seiner Jackentasche ragt ein Kopf. Nachdem er 1353 zum Stadthauptmann ernannt wurde, machte er unzählige Diebe dingfest, steckte sie mit seinem einschlägigen Know-how quasi „in die Tasche". Das Weinfass und der aufgerissene Mund erzählen davon, dass er ein ganzes Weinfass auf einmal leeren konnte.

Die biblische Geschichte von Noah und dem Wal lässt sich, wenn man etwas Fantasie hat, am „Weinhaus Schultes" nachvollziehen. Denn der Wal sieht mit Schnauze, Zähnen und Ohren nicht wie ein Wal aus. Das liegt daran, dass damals niemand wusste, wie das Tier wirklich aussieht.

Sagenhaftes gibt es über den Walderdorffer Hof. Dort soll ein Schmied seine Seele für einen Sack Gold an den Teufel verkauft haben. Um den Handel rückgängig zu machen, ließ der Dämon sich auf einen Deal ein. Würde der junge Mann ihm etwas Einzigartiges schmieden, dürfte er seine Seele behalten. Nach kurzer Zeit präsentierte er eine umgebogene dreizackige Mistgabel. Dieser Karst (Koarscht) war perfekt zur Bodenlockerung. Der Schmied gewann seine Seele zurück und durfte das Gold behalten. Beeindruckend ist auch das „Haus der sieben Laster" in der Brückengasse. Sieben furchteinflößende Balkenköpfe symbolisieren Geiz, Zorn, Trägheit, Neid und weitere Charakterschwächen. An zahlreichen Fassaden lädt die allgegenwärtige Volkspoesie zum Schmunzeln und Innehalten ein.

- Limburger Altstadt, Brückengasse, Walderdorffer Hof, Plötze, 65549 Limburg an der Lahn
- ÖPNV: Diverse Busse, Haltestelle ZOB Limburg

Mit allen Sinnen wandern

2

Herzweg des Friedens bei Berghausen (Taunus)

Wer auf den kleinen Parkplatz in Berghausen fährt, ist sofort von dem wunderschönen, riesigen Herztor aus massivem, dunklem Holz fasziniert. Das Portal ist der Startpunkt und gleichzeitig die erste Station des Herzweges des Friedens. Der fast 9 Kilometer lange Rundweg verläuft herzförmig um Berghausen und Dörsdorf.

Birgit Meyer hat diese einzigartige Themenstrecke aus persönlichem Antrieb 2011 mit einem kleinen Team ins Leben gerufen. Entlang der idyllischen Wanderstrecke finden sich nun 13 liebevoll gestaltete Impuls- und Mitmachstationen. Jede einzelne regt in besonderer Form zum Innehalten und Nachdenken an. Wer möchte, findet Gedanken und Hilfestellungen zu Themen wie Glaube und Hoffnung, Grenzen oder Quellen. Alle Stationen sind individuell gestaltet. Einige laden mit Holzbänken oder Herzhockern zum Verweilen ein. Hier kann man die Aussicht und Stille auf sich wirken lassen oder den Ideen einer Impulstafel folgen. Schon an der ersten Station zeigt sich, dass viele die Anregungen von Frau Meyer aufnehmen. Ein ganzer Baumstamm wurde von Besuchern mit unzähligen bunten Schlüsselbändern geschmückt. An Station 4, dem „Lebensrad", finden sich Uhren, die Herzweg-Erklimmer dort symbolisch niedergelegt haben. Besonders charmant ist auch der Himmelsbriefkasten an Station 9. Hier kann jeder seine Gedanken in einem hölzernen Briefkasten hinterlassen.

TIPP

Online ist eine detaillierte Wegplanung verfügbar.

Egal, ob und welcher Religion man angehört; unabhängig davon, ob man nur eine oder alle Stationen als Inspiration aufgreift, die Wanderung zwischen Feldern und Wiesen macht froh. Hier kommt jeder ins Gespräch – mit sich selbst oder der Begleitung.

Bevor nach 3 bis 4 Stunden die Rückkehr zum Auto ansteht, bietet sich wenige Meter vom Herztor entfernt die Gelegenheit, einen persönlichen Wunsch aufzuschreiben. Steine und Stifte liegen dazu herzförmig angeordnet bereit. Die Initiatorin Birgit Meyer möchte mit dem Themenweg allen Interessierten eine Gelegenheit bieten, sich selbst näherzukommen.

● Herzweg des Friedens, Kreuzung Landstraße 322/Kreisstraße 55, südwestlich von Berghausen, www.birgit-meyer.de

Buon Appetito

3 Die einmalige Manufaktur Sardolci in Limburg

Alle lieben Italien – ach, der Gardasee, Venedig, Rom, Sardinien, denkt man. Die klangvolle Sprache und die muntere Gestik machen jeden Dialog zum Erlebnis. Und erst die Küche! Träufeln wir etwas Olivenöl auf ein frisches Stück Brot, schwingt la dolce vita mit. Genießen wir Pasta – ohne Löffel –, scheint die italienische Großfamilie nur ein Weinglas entfernt.

Serena Loddo gehört zu einer dieser Sehnsuchtsfamilien. Wenn sie früher bei ihrer Nonna in Sardinen war, gab es täglich wechselnde Gerichte. Aus einfachen und frischen Zutaten entstanden die leckersten Mahlzeiten und gute Gefühle. Nonnas Rezepte hat die Enkelin nach Deutschland gebracht und verfeinert. Sie gründete die Manufaktur Sardolci in Limburgs Altstadt. Heute ist die ganze Familie täglich im Einsatz, denn aus dem Geheimtipp ist eine bekannte Feinschmeckeradresse geworden.

TIPP

Kartoffelbrot und Vitello Tonnato vorbestellen!

Jeden Tag entstehen handgemachte Produkte wie Tagliatelle und Culurgiones, eine sardische Raviolivariante. Die Füllungen wechseln saisonal. Im Herbst gibt es Pfifferling- und Kürbisfüllungen, im Winter Trüffelvarianten. Ganzjährig ist Kartoffelbrot ein Renner. Die Lieblingsspeise der Inhaberin entsteht aus drei Zutaten und ist mit hausgemachter Thunfischcreme ein Genuss. Gnocchi mit Käse-Minz-Füllung, Vitello Tonnato und Tiramisu schmecken ebenfalls zu jeder Tages- und Nachtzeit. Das gilt auch für Amaretti, Mustaccioli und Amaretti piccolini, vor deren Herstellung die ganze Familie jedes Jahr zur sardischen Mandelernte reist.

Im Sardolci werden Zutaten aus Italien, vom Limburger Wochenmarkt oder aus dem eigenen Garten verwendet. Alle Spezialitäten sind einfach zuzubereiten und versprechen intensiven Genuss. Aus einem Einkauf wird vor Ort ein Austausch. Mit Tipps der Inhaberin und Berichten von Kunden, die erzählen, dass Pasta und Co. die ganze Familie am Esstisch zusammengebracht haben. Das macht Serena Loddo glücklich. So wie früher das frisch gebackene Kartoffelbrot, das sie morgens um 5 Uhr im Garten ihrer Nonna in Milch tunkte.

- Sardolci, Kornmarkt 1, Ecke Fleischgasse (Meloni), 65549 Limburg an der Lahn, Tel. (0 64 31) 4 78 06 20
- ÖPNV: Diverse Busse, Haltestelle ZOB Limburg

Kräuter verfeinern das Leben

4 Müßiggang im Bad Camberger Kurpark

Bad Camberg liegt im „Goldenen Grund“. Der Name geht auf die omnipräsenten goldgelben Kornfelder zurück, die die Region im Sommer erstrahlen lassen. Das drittälteste Kneipp-Heilbad Deutschlands – und gleichzeitig das älteste von Hessen – bietet seit 1927 Kneipp- und Wohlfühlanwendungen an.

Um Körper, Geist und Seele in Einklang zu bringen, setzte Pfarrer Sebastian Kneipp auf Naturheilkräfte und eine 5-Säulen-Therapie aus Wasser, Bewegung, Ernährung, Kräutern und Lebensordnung. Im Kurpark erläutert ein Rundweg seine Lehren. Der Park grenzt direkt an die historische Altstadt an und führt vorbei an belebenden Wasserspielen, kneippschen Tretbecken, altem Baumbestand, großzügigen Wiesenflächen und gepflegten Blumenbeeten.

TIPP
Das Lampionfest im Juli ist ein farbenfrohes Sommerhighlight.

Ein Highlight ist der Kneippgarten. Am Eingang des Kräutergartens wirbt eine Beobachtung von Kneipp dafür, das Kostbare im Alltäglichen zu sehen: „Gegen das aber, was man im Überfluss hat, wird man gleichgültig. Daher kommt es auch, dass viele 100 Kräuter und Pflanzen für wertlos gehalten und mit Füßen getreten werden, anstatt dass man sie beachtet und gebraucht.“ Ein Zitat, das perfekt in unsere Zeit passt, aber mehr als 125 Jahre alt sein muss, denn Kneipp lebte von 1821 bis 1897. Auf einer Fläche von 800 Quadratmetern finden sich 120 Stauden, 15 Gehölzarten und unzählige Kräuter. Die 14 Beete sind nach Anwendungsbereichen geordnet. Sie dienen zur Immunstärkung, als Gewürze, sind hilfreich gegen Erkältungen oder Herzleiden, helfen gegen Magen- und Darmbeschwerden oder liefern Vitamine und Würze, wie die Walderdbeere und Boretsch.

Um die körpereigene Abwehr anzuregen, riet Kneipp zu regelmäßigem Wassertreten, auch das lässt sich im Park ausprobieren. Im gepflegten Kurviertel kann man die Seele baumeln lassen, eine Runde Minigolf, Tischtennis oder Boule spielen oder die Outdoor-Fitnessgeräte auf dem Sportler-Spielplatz testen. Im Sommer findet jeden Monat eine kostenlose Kräutergartenführung statt.

- Kneipp-Kurpark, Chambray-lés-Tours-Platz 1, 65520 Bad Camberg
  www.bad-camberg.de
- ÖPNV: RE 20, Bahnhof Bad Camberg, dann Bus LM-32, Haltestelle Bad Camberg Amthof

Ich und mein Holz

5 Tatkräftig beim Bildhauerworkshop von Uli Eulberg

Wer Spaß an körperlicher Arbeit und kreativem Gestalten hat, sollte einen Bildhauerkurs ausprobieren. Innerhalb von 4 Tagen kann unter Anleitung des Bildhauermeisters Uli Eulberg aus einem Stück Holz eine individuelle Skulptur entstehen.

Um einen Holzworkshop zu besuchen, benötigt man keine Vorkenntnisse. Nur die Lust, etwas Neues auszuprobieren. Für die Umsetzung mit Schnitzeisen und Schlegel muss man nicht trainiert sein, aber Ausdauer haben. Am ersten Tag werden die Wunschmotive besprochen und die Möglichkeiten abgesteckt. Gearbeitet wird am Schlossberg in Diez, überdacht und im Freien. Wer sich für ein Objekt entscheidet, sollte zunächst dessen Aufbau erkunden. Will man ein Gesicht aus dem Holzstamm formen, wird ein Oval grob herausgearbeitet. Weil die Nase am weitesten vorsteht, muss diese im zweiten Schritt gemeißelt werden. Dann folgen Stirn und Kinn. Die weiteren Details ergeben sich bei der Arbeit. Je länger man sein Werk betrachtet, desto klarer wird, wie es später aussehen muss. Die meiste Zeit benutzt man ein Hohleisen, erst bei den Feinarbeiten kommt ein zierliches Schnitzeisen zum Einsatz.

Obwohl sich die frische Eiche gut verarbeiten lässt, sind einige Teilnehmer erstaunt, wie zeitintensiv die ersten Schritte sind. Ab dem zweiten Tag lässt sich die gewünschte Form meist roh in dem bearbeiteten Stamm erkennen. Die Motivation steigt, die angehenden Künstler kommen in einen Flow. Innerhalb von 4 Tagen erschaffen sie ihr persönliches Holzobjekt. Vor Ort schwingt bei jedem Schlag der einzigartige Geruch des frischen Holzes mit. Stolz und Freude über die selbst erschaffene kunstvolle Holzarbeit bleiben ein Leben lang.

Die Kurse von Uli Eulberg werden von Frauen und Männern jeden Alters besucht. Der Bildhauermeister arbeitet im eigenen Atelier mit Holz, Stein und Bronze. Neben der Restauration und Auftragsarbeiten gibt er seit einigen Jahren Workshops. Details auf seiner Homepage und auf Anfrage.

TIPP

Die lebensgroße Figur „Stadtschreiber Tileman Elhen v. Wolfhagen" ist im Rathaus in Limburg zu sehen.

- Uli Eulberg Bildhauer, Jahnstraße 12, 65552 Limburg-Eschhofen, Tel. (01 72) 9 90 71 85, www.eulberg-bildhauer.de
- ÖPNV: RB 21, RB 45, Bahnhof Eschhofen (10 Minuten Fußweg)

Alles im Fluss

6 Mit dem Hausboot auf der Lahn unterwegs

Um auf einem Hausboot zu übernachten, muss man weder nach Amsterdam noch an die Müritz reisen. An der Lahn gibt es seit 2014 die Chance, die Natur vom Wasser aus intensiv zu genießen. Die smarten Boote ankern im verträumten Hafen Hollerich. Die Lahn zeigt sich hier von ihrer wildromantischen Seite. Ein Staudamm beeindruckt durch Wehr, Gischt und Geräuschkulisse. Rechts und links des Ufers grasen Ziegen, im Wasser drehen Entenfamilien ihre Runden.

Die drei Flusshäuschen sind führerscheinfrei fahrbar. Nach einer dreistündigen Einweisung ins An- und Ablegen, Manövrieren und Wenden darf man die Boote selbst steuern. Alle schwimmenden Ferienwohnungen bieten eine nachhaltige Ausstattung. Innen wirken sie wie gemütliche, kleine Berghäuschen. Auf 18 Quadratmetern finden sich lichtdurchflutete Schlafkojen, ein Bad mit Dusche, Sitzecke und Küche. Bodentiefe Fenster sorgen für freie Sicht. Vor dem Eingang sind die 11 Quadratmeter große Holzterrasse und der Steuerplatz. Hier lässt sich bequem entspannen, während Seele und Beine im Wasser baumeln.

Von April bis Oktober kann die Region per Boot erkundet werden. Bei durchschnittlich 6 Stundenkilometern zieht die Natur im Zeitlupentempo vorbei. Egal, ob man lahnabwärts oder lieber Richtung Quelle fährt, wer sich auf die Fahrt unter dem Motto „Der Weg ist das Ziel“ einlässt, wird die Region neu entdecken. Eine beliebte Challenge unter Gästen ist die Aufgabe, einen Eisvogel perfekt abzulichten. Die flinken Tiere machen es den Hobbyfotografen nicht leicht. Liegeplätze findet man in jedem Ort bei Boots-Clubs, Gemeinden oder am Ufer von Campingplätzen.

Die meisten Gäste sind erstaunt, wie wenige Flusskilometer sie am Urlaubsende zurückgelegt haben und wie sehr sie sich beim Treibenlassen, Beobachten, Lesen, Lauschen und Staunen erholt haben. Die Auszeiten auf den Lahn-Hausbooten sind bei Familien, Pärchen und Freundeskreisen jeden Alters beliebt. Wer sich selbst überzeugen will, findet online alle Details, um auf der Lahn bald offline zu gehen.

TIPP

Im letzten Jahr schrieb ein Künstler zwölf Wochen lang „Geschichten vom Reisen“ auf einem der Hausboote.

● HAUSBOOTE Lahn, Yachthafen Hollerich, Schleuse Hollerich, 56377 Nassau an der Lahn, Tel. (0 61 31) 4 94 96 39, www.hausboote-lahn.de

Wo man „Glück auf!“ sagt

7 Besucherbergwerk Grube Fortuna in Oberbiel

20 Minuten von Limburg entfernt kann man „einfahren“, ohne verhaftet zu werden. Für alle, die die Grube Fortuna besuchen, geht es zwar abwärts, aber nur um die Arbeit unter Tage zu erleben.
Das letzte klassische Eisenerzbergwerk Deutschlands wurde 1987 in ein Besucherbergwerk umgewandelt. Welche Strapazen die Kumpel unter Tage auf sich nahmen, wie anders die Welt tief in der Erde erscheint, kann man nach einer geführten Tour ein Stückchen besser verstehen. Im Originalschacht geht die Fahrt 150 Meter in die Tiefe. Unten angekommen lassen die hohe Luftfeuchtigkeit und der fehlende Alltagslärm innehalten. Ein Ort der Stille.
Bei konstanten 13 Grad geht es nun mit der Grubenbahn in den unbeleuchteten Tunnel. Vorbei an Abzweigungen und Schächten. Es ruckelt und kracht, bis die Bahn stoppt. In einem ehemaligen Abbauraum erlebt man live, wie sich bei ohrenbetäubendem Lärm Bohrhämmer ins rot gefärbte Gestein fräsen und Lademaschinen lautstark in Bewegung setzen. Weil bei diesem Geräuschpegel die Verständigung kaum möglich war, haben bildhafte Ausdrücke bei den Bergleuten lange Sätze ersetzt. So bezeichnete man einen ungenutzten, meist verbrochenen Grubenbau als „alten Mann“. Unter „Wetter“ versteht der Bergmann jegliche Luft in der Grube – auch auftretende Gase und Gasgemische –, die es „in der Fortuna“ zum Glück nicht gibt.
Eisen ist nach wie vor einer der wichtigsten Rohstoffe, besonders im Bauwesen, Fahrzeug- und Maschinenbau. Neben den bis zu fünfstündigen Untertagetouren gibt es auch über Tage einige Angebote, wie die zweistündige Steigertour. Von Mai bis September werden Fahrten mit nostalgischen Lokomotiven im benachbarten Feld- und Grubenbahnmuseum angeboten. Sehenswert ist auch die Kaue: die Umkleidehalle im Bergbaumuseum mit Originalkleidung, die an Ketten von der Decke hängt. Bei hausgemachtem Kuchen oder Speisen in der Grubengaststätte „Zum Zechenhaus“ kann man die Eindrücke Revue passieren lassen.

TIPP

Die Grube Fortuna liegt auf dem Prädikatswanderweg Bergmannsroute, der von Wetzlar nach Braunfels führt.

- Besucherbergwerk Grube Fortuna, Grube Fortuna 1, 35606 Solms-Oberbiel, Tel. (0 64 43) 82 46-0, www.grube-fortuna.de
- ÖPNV: Diverse Regionalbahnen, Bahnhof Werdorf (30 Minuten Fußweg)

Ja, mir san m'm Radl da

8 Der Lahnradweg hat einiges zu bieten

Als Anfang der Siebziger dieser Schlagertitel zum Radsport populär wurde, lag der E-Bike-Boom noch in weiter Ferne. Unabhängig davon, ob man heutzutage mit elektronischer Hilfe oder ausschließlich mit eigener Muskelkraft unterwegs ist, bietet sich der Lahnradweg zwischen Limburg und Weilburg für eine romantische Tour an.

Von der „alten Lahnbrücke" aus hat man den besten Blick auf den Limburger Dom. Stadtauswärts geht es direkt hinter der Brücke auf die andere Lahnseite, zum Radweg Richtung Weilburg. Die Strecke verläuft zum überwiegenden Teil direkt am Fluss entlang. Zwischen Wasser, Wiesen und Wäldern kann man entspannt die Ruhe und den Ausblick genießen. Die frische Luft lädt zum Durchatmen ein. Kanufahrer und Enten tummeln sich im Wasser.

TIPP

Entlang des Lahnradweges befinden sich zahlreiche Bahnhöfe.

Nach wenigen Kilometern geht der Blick nach oben. Auf einem Felsen thront die imposante Dietkirchener St.-Lubentius-Basilika. Nach einem kurzen Stopp zum Staunen geht die Fahrt weiter über Dehrn, an Steeden vorbei bis ins malerische Runkel. Dort lohnt der Aufstieg zur mittelalterlichen Burganlage. Mit einem Eis aus dem Eiscafé Mancuso lässt sich die märchenhafte Aussicht von der steinernen Brücke, etwa 100 Meter vom Café entfernt, versüßen. Danach geht es weiter Richtung Villmar, vorbei am Lahn-Marmor-Museum und dem Unica-Steinbruch. In Aumenau, Fürfurt und Kirschhofen gibt es Seerosen und Eisvögel zu entdecken. Kommt man dann in der Residenzstadt Weilburg an, lockt die barocke Schlossanlage zum Verweilen. Das moderne Rosenhangmuseum lädt alternativ zu einer kunstvollen Pause ein. Am Wochenende ist auch die Fahrt mit dem Rollschiff ab dem Anleger „Im Bangert" ein kleines Erlebnis.

Die 38 Kilometer lange Etappe endet am Bahnhof Weilburg. Von hier kann man entweder nach Limburg zurückfahren oder die Tour bis zur Goethe- und Optikerstadt Wetzlar verlängern. Der gesamte Lahnradweg erstreckt sich von der Lahnquelle bis zur -mündung auf fast 250 Kilometern. Von Limburg aus lässt sich das Lahntal auch flussabwärts Richtung Nassau in einer Tagestour entdecken.

- Lahnradweg, Lahntal Tourismus Verband e. V., Brückenstraße 2, 35576 Wetzlar, Tel. (0 64 41) 30 99 80, www.lahntalliebe.de
- ÖPNV: Diverse Busse, Haltestelle ZOB Limburg

Giro
Lahntal

Malerische Entdeckungen

9 Die kleine Kunstsammlung Limburg

„Die Kunst ist eine Vermittlerin des Unaussprechlichen“ wusste schon Johann Wolfgang von Goethe. Dieses Zitat kann man vielfältig interpretieren. So kann der Blick eines Künstlers helfen, die Schönheit des eigenen Umfeldes neu wahrzunehmen. Werke können aber auch auf Versäumnisse oder vorhandene Gegebenheiten aufmerksam machen. Wenn die hohe Holztür des imposanten Steingebäudes auf dem Fischmarkt offen steht, kann jedermann die aktuelle Ausstellung und die dauerhaft platzierten Werke auf drei Ebenen besichtigen. Weil die gezeigten KünstlerInnen mehrfach im Jahr wechseln, ist jede Stippvisite wie eine Wundertüte. Mal findet man Fotografien von Lichtshows aus der ganzen Welt vor, ein anderes Mal abstrakte Arbeiten von regionalen Künstlern und beim nächsten Besuch vielleicht eine Mischung aus Holzskulpturen und Aquarellen.

Seit 1985 nutzt die Kunstsammlung Limburg das alte Rathaus als Ausstellungsfläche. Die Hallen des um 1350 erbauten Hauses sind die Bühne für die umfangreiche Sammlung der Stadt und zahlreiche Werkschauen. Einen Teil der Räumlichkeiten füllen die Stiftung des Silhouettenkünstlers Ernst Moritz Engert (1892–1986) und dessen Scherenschnitte, Druckgrafiken und Zeichnungen. Auch die expressionistischen Werke des in Limburg geborenen Malers Josef Eberz (1880–1942) sowie die Aquarelle seiner Ehefrau Gertrud Eberz-Alber gehören zum Bestand. Zu den verfügbaren 4300 Exponaten der Stadt zählen außerdem Werke von mehr als 40 zeitgenössischen Künstlern und Künstlerinnen.

Das Haus möchte ein Ort der Begegnung sein. Die unterschiedlichsten Fotografien und gestalteten Arbeiten laden Interessierte zum Hinsehen und Staunen, Nachdenken und Inspirationensammeln ein. Zur Kunstvermittlung finden außerdem immer wieder Führungen und Workshops statt.

In den historischen Hallen bietet sich Touristen und Einheimischen die Möglichkeit, die ausgestellten Arbeiten bei einem Rundgang auf sich wirken zu lassen. Kostenlos.

- Kunstsammlung der Stadt Limburg, Fischmarkt 21, 65549 Limburg an der Lahn
www.kunstsammlungen-limburg.de
- ÖPNV: Diverse Busse, Haltestelle ZOB Limburg

KUNSTSAMMLUNGEN
DER STADT LIMBURG
21

Essbare Urlaubsgefühle

10 Das farbenprächtige Eat Tandori in Limburg

Eat Tandori steht frei übersetzt für „Iss im Ofen zubereitete indische Gerichte". Das stilvoll eingerichtete Restaurant in der Werner-Senger-Straße bietet eine köstliche Auswahl an indischem Streetfood. Schon am Eingang stimmt die Einrichtung in intensiven, gedeckten Farben wie Smaragdgrün, Azurblau und Rubinrot mit goldenen Elementen und feinen orientalischen Details auf die exotischen Speisen ein.
In dem 2020 eröffneten indischen Restaurant kombinieren die Köche klassische und trendige Speisen der nordindischen Straßenküche mit den Aromen traditioneller Gewürze. Wer beim Duft von Senfkörnern, Bockshornklee, Tamarinde, Koriander, rotem und grünem Chili, Lorbeer und Co. die Augen schließt, fühlt sich ein bisschen wie im Urlaub. Neben der kleinen Mittagskarte bietet die umfangreiche Abendkarte eine reiche Auswahl. Zu den beliebtesten Speisen gehört Chicken Malabari. Hier wird Hühnchen mit einer cremig-scharfen Soße aus Chili, Koriander, Tamarinde und Kokos serviert. Dazu gibt es Basmati-Reis und Naanbrot. Biryani ist ein indisches Reisgericht mit persischen Wurzeln. Es soll mit Raita – Gewürzen auf Yoghurtbasis – und einem Lächeln genossen werden. Direkt aus der Streetfoodküche Indiens kommt Dosa. Die Pfannkuchen aus Reismehl werden gerollt und mit den unterschiedlichsten Zutaten gefüllt. Dal ist ein Linsengericht, das nicht nur bei Vegetariern sehr beliebt ist. Chaat sind herzhafte Gebäcktaschen, die mit Chutneys, Joghurt und Gewürzen eine Geschmacksexplosion im Mund versprechen.
Wer sich zwischen all den Köstlichkeiten nicht entscheiden kann, nimmt eine „Sharing Plate for 2" und erhält eine Auswahl an Fingerfood. Weil die indische Küche intensiv würzt, sollte man auf die Angaben zum Schärfegrad achten. Im Eat Tandori werden diese mit ein bis vier Chilischoten angegeben. Neben den Speisen sind der Masala Chai, hausgemachter Schwarztee mit Gewürzen und Milch, sowie der Mangolassi ein Genuss. Das Eat Tandori hat 45 Sitzplätze. Wer keinen Tisch ergattert, kann sein Wunschgericht mit nach Hause nehmen oder den Lieferservice nutzen.

- Eat Tandori, Werner-Senger-Straße 21, 65549 Limburg an der Lahn, Tel. (0 64 31) 2 83 81 12, www.eattandori.de
- ÖPNV: Diverse Busse, Haltestelle ZOB Limburg

Für mich soll's rote Rosen ...

11

Der himmlische Rosengarten in Hadamar

Intensiver als ein Rosenregen wirkt der Besuch des prachtvollen Rosengartens. Hier kann man sitzen und staunen, ein Buch lesen oder rosigen Zeiten entgegensehen. Unter dem Motto „Verweilen, Entspannen, Genießen“ bietet das Areal eine farbenfrohe Auszeit vom Alltag. Auf 3800 Quadratmetern erwartet der öffentlich zugängliche „englische Rosengarten“ seit mehr als 20 Jahren täglich seine Gäste.

Die einmalige Anlage entstand aus einer Privatinitiative von Rosenliebhabern nach deren eigenen Ideen. Der Rosengarten wurde als klassischer englischer Garten mit unterschiedlichen Gartenteilen angelegt. Aus dem Feng-Shui wurde die Idee der räumlichen Gestaltung in drei Einheiten, analog zu einem Haus mit verschiedenen Zimmern, übernommen. Dabei fungieren Eibenhecken, Spalierbäume, Rosenbögen und Natursteinmauern im Garten als Raumteiler. Die an zahlreichen Pflanzen wie Buchskegeln und -kugeln umgesetzten geometrischen Formen folgen formalen Regeln eines französischen Gartens und schaffen ein herrschaftliches Ambiente. Die englischen Elemente sorgen für verspielte, natürliche Momente. Ungezügelt breiten sich zwischen kultivierten Rosen und gestutzten Hecken zahlreiche Stauden und Sommerblumen aus. Der besondere Charme des kleinen Parks entsteht durch die Balance aller drei Elemente.

TIPP
In der gegenüberliegenden charmanten, kleinen Herzenbergkapelle eine Kerze anzünden.

Im Laufe der Jahre wurde der Garten sukzessive auf acht Gartenräume erweitert. Unzählige Sitzgelegenheiten laden zum Verweilen ein. Die Rundbank um den Maulbeerbaum steht im holländischen Garten, wo die Farbe Orange dominiert. Der Duftkräutergarten bietet mit seinen hohen Hecken eine eigene Welt zur Entspannung. Und der Bauerngarten verführt mit seiner romantischen Rosenlaube zum Träumen. Der römische Etagenbrunnen ist von Zypressen gesäumt und entführt Betrachter in die Toskana. Der versunkene weiße Garten lässt nicht nur Rosenliebhaber entspannt abtauchen, während der japanische Garten mit seinem murmelnden Bachlauf eine andere Gartenwelt eröffnet.

● Rosengarten Hadamar e. V., Auf dem Herzenberg, 65589 Hadamar, Tel. (01 78) 5 41 66 04, www.rosengarten-hadamar.de
● ÖPNV: Diverse Busse, Haltestelle ZOB Hadamar

Wie zu Hause, nur süßer

12

Zu Besuch in Lonies Lädchen in Limburg

Würde Willy Wonka Gummibärchen verkaufen, wäre Lonies Lädchen sein Paradies. Spaziert man durch die verwinkelten Gässchen der Limburger Altstadt Richtung Lahn, fällt der kleine Laden mit den weißbeigen Markisen und den bequemen Holzbänken sofort auf. Im Schaufenster locken randvoll mit Gummibärchen gefüllte nostalgische Glasgefäße und regenbogenbunte Riesen-Lollis. Brause-Ufos und Gummischlangen, Softerdbeeren und blaue Schlümpfe zaubern ein Lächeln in jedes Gesicht und wecken Erinnerungen an die eigene Kindheit.
Im pastelligen Sehnsuchtslädchen gibt es weitere Leckereien. Frische Waffeln mit Obst und Schokolade, Sahne und Gummibärchen, farbenfrohe Cupcakes und Softeis mit bunten Toppings lassen sich direkt vor Ort genießen. Am Wochenende kann man mit einem ausgiebigen Frühstück in den Tag starten. Das Gummibärchen-Orakel-Frühstück ist ein besonderes Highlight. Vor dem köstlichen Frühstück mit Müsli und Brötchen, Rührei oder gekochtem Ei, Käse oder Wurst gibt es eine kleine Spitztüte mit Gummibärchen. Dazu das Gummibärchen-Orakelbuch. Nun zieht jeder fünf Bärchen, legt sie in eine Reihe und erfährt im Buch, was die gewählte Kombination vorhersagt.

TIPP
Frühstück reservieren!

Neben weiteren Frühstücksvarianten und wechselnden saisonalen Snacks erfreut die Inhaberin Wanderer und Einheimische im Sommer mit einem kostenlosen Fußbad. Die Leckereien werden auch als Picknick-Version im Leihkorb inklusive Picknickdecke angeboten, ideal für einen Ausflug an die Lahn oder ins Tal Josaphat. Zwei Räder stehen außerdem für kleine Touren zur Verfügung.
Im Laden finden sich individuelle Souvenirs, wie Dom-Postkarten in einer von ihrem Sohn gezeichneten Version. Annette Märsch ist keine klassische Wirtin, sondern eher eine Gastgeberin. Sie möchte, dass alle Kunden die Zeit in Lonies Laden rundum genießen. Für sie ist jeder Kunde ein Gast. Weil man diese Energie sofort spürt, ergeben sich schnell freundliche und intensive Gespräche. In Lonies Lädchen schaltet nicht nur die bunte Bonbonuhr einen Gang zurück.

- Lonies Lädchen, Brückengasse 17, 65549 Limburg an der Lahn, Tel. (0 64 31) 5 97 67 38, www.lonies-lädchen.de
- ÖPNV: Diverse Busse, Haltestelle ZOB Limburg

STOP!

Einzigartig beeindruckend

13 Majestätisch thront der Dom über Limburg

Auf einem Felsen oberhalb der Lahn steht der Limburger Dom. Wer zum ersten Mal durch die Altstadt schlendert, den engen Gässchen immer weiter nach oben folgt, steht irgendwann auf dem Domvorplatz. Und ist beeindruckt. Die Weite und Höhe des Doms faszinieren durch den Kontrast zu den pittoresken Fachwerkhäusern besonders.

Das berühmte Gotteshaus wurde 1235 geweiht und hat als einzige Kirche Deutschlands sieben Türme. Das ist kein Zufall, denn die Anzahl entspricht der Zahl der Sakramente. Das romanisch-gotische Bauwerk ist reich an Symbolen. Es entstand in einer Zeit, in der die wenigsten Menschen lesen und schreiben konnten. Bilder veranschaulichten die Heilige Schrift. Die Wandmalereien im Dom erzählen biblische Geschichten, zeigen Heilige, Apostel und Evangelisten sowie die Schutzpatrone Georg und Nikolaus. Der Grundriss der Kirche bildet ein Kreuz.

TIPP

Mehr zur Geschichte, dem Domschatz oder der Bischofswohnung von Tebartz van Elst im Diözesanmuseum nebenan.

Der Dom diente früher außerdem als Grabstätte. Hier ist auch der Stifter und Erbauer Konrad Kurzbold beigesetzt. Die besondere Atmosphäre des Gebäudes spürt man bei einer kleinen Pause auf einer der zahlreichen Kirchenbänke intensiv. Der Blick nach oben beeindruckt und macht längst vergangene Zeiten greifbar. Das imposante Gebäude zierte fast 30 Jahre die Rückseite des 1000-DM-Scheins.

Empfehlenswert ist auch ein Gang um den Dom herum. Während man rechts am Dom vorbei zum Innenhof des Limburger Schlosses geht, gelangt man vor dem Domplatz links zum historischen Kirchhof. Von der angrenzenden Steinmauer kann man direkt auf die idyllische Lahn hinunterschauen oder am anderen Ende des Friedhofs auf bequemen Parkbänken in aller Ruhe die Aussicht genießen.

Der Dom ist täglich geöffnet. Es gibt zahlreiche Führungen. Details auf der Homepage.

- Hoher Dom zu Limburg, Domplatz 4, 65549 Limburg an der Lahn, Tel. (0 64 31) 92 97 99 50, www.dom.bistumlimburg.de
- ÖPNV: Diverse Busse, Haltestelle ZOB Limburg

Ein Wanderabenteuer

14 In der mystischen Ruppertsklamm bei Lahnstein

Nur 50 Kilometer von Limburg entfernt bietet die wildromantische Ruppertsklamm ein besonderes Abenteuer. Über einen idyllischen Wanderweg gelangt man nach wenigen Hundert Metern in eine verwunschene Welt. Hier hat sich ein kleiner Bach tief in Tonschiefer und Sandstein gegraben. Nachdem die Klamm zwischen 1910 und 1912 erschlossen wurde, steht sie seit 1936 unter Naturschutz. Eine Gedenktafel an der imposantesten Stelle, einer glatten Felswand, erinnert daran.

An mehreren Stellen hangelt man sich mit Hilfe eines Seils entlang, anderswo sind Stufen in den Felsen gehauen. Kleine Brücken helfen, Hürden zu überwinden. Die vermoosten Felsen sind ebenso schön wie glitschig. Wer eine Taschenlampe dabeihat, kann kurz vor dem Ende der Klamm einen Tunnel erforschen.

Idealweise startet eine Wanderung an der oberen Eingangsstelle direkt an der B 260. Vom Parkplatz aus ist das hölzerne Eingangstor nur 100 Meter entfernt. Von hier wandert man die Klamm hinab. Geboten wird eine spannende Mischung aus Waldwegen und Kletterabenteuer. Die einzigartige Atmosphäre wird von moosigem Naturduft begleitet. Kommt die Sonne zwischen den Bäumen durch, ergibt sich auf den feuchten Felswänden ein prachtvolles Farbenspiel. Für die Strecke nach unten und wieder steil bergauf sollte man eine gute Stunde Zeit einplanen.

Für alle Wanderer steht am oberen Ende der Klamm vor dem Eingang eine Schutzhütte bereit. Hier lässt sich entspannt eine Pause verbringen. Alternativ findet sich am unteren Ende der Klamm die Gaststätte „Zum Schleusenhäuschen". Sie lädt in den Sommermonaten zum romantisch-urigen Verweilen ein. Direkt am Lahnufer lassen sich im Hafen die Hausboote beobachten.

Wer die Wanderung erweitern möchte, kann die Ruppertsklamm als Teil des Lahnwanderwegs oder des Rheinsteigs durchqueren. Beide Wanderwege führen mittendurch. Der Lahnwanderweg lässt sich mit einer Besichtigung der Stadt Lahnstein verbinden. Der Rheinsteig ist mit einer Stippvisite des mondänen Bad Ems kombinierbar.

- Ruppertsklamm, 56112 Lahnstein, Emser Landstraße 20, 56112 Lahnstein

Superlaune rollt an

15 Der Segway-Indoorpark im e-werk in Wetzlar

In Wetzlar findet sich Hessens einziger Segway-Indoorpark. Ganzjährig kann man hier wetterunabhängig rasend viel Spaß haben.

Das Gefühl für den flotten Roller haben die meisten Gäste unmittelbar nach der Einweisung durch die Profis auf einem der 30 Elektrofahrzeuge. Kaum sind Helm und Verstand an, regulieren die Füße durch Druck auf den Vorderfuß oder Gewichtsverlagerung nach hinten die eigene Fahrt. Die Lenkstange gibt zusätzlich Sicherheit. Ist die Einweisungsfläche dreimal korrekt überquert, geht es auf den Indoor-Parcours.

Auf 900 Quadratmetern bieten Sand-, Stein-, Holz- und Feldwege unterschiedliche Herausforderungen. Eine Zickzackbahn, ein Labyrinth sowie eine Offroad-Strecke mit Wippe machen unglaublich viel Spaß und sorgen auch für eine kleine Portion Nervenkitzel. Egal, ob die Parkbesucher 10 oder 80 Jahre alt sind, wer hier losfährt, will nie mehr aufhören. Mit jeder Runde wird das Grinsen der Gäste breiter. Für alle, die das Erlebnis teilen möchten, bietet das e-werk Gruppenveranstaltungen sowie Kindergeburtstage und Firmenevents an.

Im Programm sind außerdem geführte Touren zwischen Weilburg, Wetzlar und Gießen. Von der kleinen zweistündigen Panorama-Tour in Wetzlars Umgebung bis zur sechsstündigen Adventure-Tour inklusive Einkehr im edlen Steakhaus oder einem hessischen Spezialitäten-Restaurant. Die Einsteigertour beginnt am e-werk und führt durch die Altstadt vorbei am katholisch-evangelischen Dom zum Deutschherrenberg mit spektakulärem Ausblick über wunderschöne Waldwege zurück zum Ausgangspunkt. Hier kann an der Bar und in dem stilvollen Gastraum noch ein bisschen entspannt werden. Im Sommer steht dazu auch der 200 Quadratmeter große Beachbereich mit Sandfläche und chilligen Möbeln bereit.

Alle Touren bieten eine Mischung aus wunderschönen Waldwegen, entspannten Lahnuferwegen, herrlichen Sehenswürdigkeiten und sensationellen Ausblicken. Tempo, Gruppenfeeling und die frische Luft machen das Erlebnis einmalig. Details und Sonderveranstaltungen finden sich online.

- e-werk – Der Segway-Park, Garbenheimer Straße 15–17, 35578 Wetzlar, Tel. (0 64 41) 92 64 41, www.ewerk-hessen.de
- ÖPNV: Diverse Busse, Haltestelle ZOB Wetzlar (15 Minuten Fußweg)

Tragf. 2t
141
OHH

Einmalige Musikmomente

16 Prunkvolle Oraniensteiner Konzerte in Diez

Zwischen 1672 und 1684 ließ Fürstin Albertine Agnes von Oranien auf den Ruinen des ehemaligen Benediktinerinnenklosters Dierstein das Schloss Oranienstein errichten. Nach ihrem Tod gestaltete deren Nichte, Henriette Amalie von Anhalt-Dessau, es zum Barockschloss um. Stuckdecken Tessiner Meister sowie wertvolle Fresken schmücken bis heute die Innenräume. Seit 1956 befindet sich eine Einheit der Bundeswehr in den Räumlichkeiten. Während der Oraniensteiner Konzerte, die in der Schlosskapelle stattfinden, sind das Treppenhaus, die Kapelle sowie der grüne und der gelbe Salon geöffnet. Eine wunderbare Gelegenheit, das prunkvolle Ambiente zu bestaunen.

Nach einem Rundgang kann man die klassischen Werke von Bach und Brahms, von Händel und Verdi in diesem historisch perfekt passenden festlichen Rahmen besonders intensiv genießen.

Seit 1996 wird hier unter dem Motto „MENSCH. MACHT. MUSIK" Klassikliebhabern dieser besondere Musikgenuss geboten. Dank des Engagements des „Vereins der Freunde Oraniensteiner Konzerte" sowie zahlreicher Spender und Sponsoren finden jährlich acht Konzerte statt. Eine bunte Mischung aus international gefeierten Künstlerinnen und Künstlern sowie jungen Musikerinnen und Musikern aus der Region begeistert die Besucher. Hautnah erleben die Zuhörer im intimen Rahmen Künstler, die normalerweise in riesigen Sälen auftreten.

Die Akustik der Schlosskapelle ist auf allen 197 Sitzplätzen wunderbar, die familiären Begegnungen mit Weltklasse-Musikern zeichnen die Konzertreihe zusätzlich aus. Neben Größen der klassischen Musik wie Albrecht Mayer und Nils Mönkemeyer ist das alljährliche Neujahrskonzert ein besonderes Highlight. Publikumsmagnete sind außerdem Veranstaltungen wie Lesungen Prominenter oder das Konzert eines Baritons in Kombination mit einer Rapperin. Solche Programmergänzungen bieten großartige Möglichkeiten, Musik in all ihren Facetten zu erleben und die eigene Beziehung zur Klangwelt zu erweitern.

● Schloss Oranienstein, Sophie-Hedwig-Straße 11, 65582 Diez
www.oraniensteiner-konzerte.de

Das Chi

17 Runterkommen im Yana Yoga Loft in Eschhofen

Buddhafigur und das Om-Symbol in der goldenen Lounge entführen die Gäste schon am Yoga-Loft-Eingang in eine verheißungsvolle Welt. Im großen Übungsraum mit Holzfußboden, bodentiefen Fenstern und goldener Decke lässt man sich vorfreudig zu einem der zahlreichen Yoga- und Meditationskurse oder Workshops nieder.
Die Intensiveinheiten zu Themen wie Yin Yoga, Achtsamkeit, ayurvedische Ernährung, Selbstliebe, Kundalani- und Klangyoga finden meist am Wochenende statt. Innerhalb von 2, 3 Stunden erhält man einen umfassenden Überblick und probiert zahlreiche Übungen. Beim anschließenden ayurvedischen Essen tauschen sich die Teilnehmer über die persönlichen Empfindungen während der Session aus.
Yin Yoga ist eine sanfte, passive Yogaalternative, bei der das tiefe Bindegewebe bearbeitet wird. In den einzelnen Übungen entspannen Körper und Geist, der Atem kann frei fließen. So entsteht innere Ruhe, unterschwellige Spannungen werden gelöst. Jede Position wird 3 bis 5 Minuten gehalten, der Körper bleibt so passiv wie möglich. Dabei helfen Hilfsmittel wie Bolster, Blöcke, Kissen und Decken. Die Dehnungen haben einen positiven Effekt auf die Faszien, die sich im ganzen Körper befinden und das Bindegewebe, die Muskeln, die Bänder, die Sehnen, die Organe, die Gelenke und Knochen umhüllen. Verklebungen und Verkürzungen werden auf sanfte Weise gelöst. Das reduziert Schmerzen, fördert die Beweglichkeit und den Chi-Fluss (Energie-Fluss) in den Meridianen.
Der Yin-Yoga-Workshop ist perfekt für alle, die eine sanfte Alternative zum Hatha-Yoga ausprobieren möchten. Wer unsicher ist, welcher Kurs oder Workshop am besten passt, lässt sich von der Inhaberin Yana Miklyaeva-Schmitz und ihrem Team unverbindlich beraten. Alle Kurse sind online mit detaillierten Beschreibungen einsehbar. Für das ultimative Wohlfühlerlebnis können die Angebote mit einer ayurvedischen Massage kombiniert werden. Für alle Kurse werden Matten, Kissen, Yoga-Bolster, Decken und Co. bereitgestellt.

● Yana Miklyaeva-Schmitz, Yana Yoga Loft, Rheinstraße 15, 65552 Limburg-Eschhofen, Tel. (0 64 31) 7 78 05 45, www.yana-yoga.de
● ÖPNV: RE 21, RE 45, Bahnhof Eschhofen (7 Minuten Fußweg)

Luxuriöse Zeiten entdecken

18 Beeindruckender Stadtspaziergang durch Bad Ems

Wer einen Ausflug nach Bad Ems unternimmt, fühlt sich zwischen dem historischen Kurviertel und baumgesäumten Promenaden, den charmanten Brücken und den mondänen Gebäuden etwa 100 Jahre in die Vergangenheit zurückversetzt.
Überall erzählen Bauwerke und Hinweistafeln von der beeindruckenden Geschichte der Kleinstadt. Mit 15 Heilquellen findet sich in der als „Great Spa Towns of Europe“ ausgezeichneten Kurstadt ein Wasser für jeden Geschmack und mit den unterschiedlichsten Wirkungen. Roter-Kampe-Sprudel schießt in einer Fontäne bis zu 8 Metern mit 57 °C aus der Erde. Das Emser Kränchen hilft gegen Atemwegserkrankungen und kann in der Brunnenhalle probiert werden. Die Römerquelle, direkt am Lahnradweg, findet sich in einem kleinen Tempel. Das 42 °C warme Wasser lässt sich in die eigene Trinkflasche füllen. Auch die berühmten Emser Pastillen entstehen mit Hilfe von Emser Salzen, die aus Heilquellwasser gewonnen werden.
Das palmengeschmückte Bad Emser Kurhaus-Ensemble aus Kolonnade, Café, Marmorsaal, Kurtheater und Casino hat der Stadt den Namen „Klein Nizza an der Lahn“ eingebracht. Der prächtige Marmorsaal wird gern als „Klein Rom“ bezeichnet, da er nach dem Vorbild der Renaissance-Villa Farnesina in Rom entstand. Der Komponist Jacques Offenbach arbeitete in Bad Ems 12 Jahre als Konzertmeister. Werke wie „Orpheus in der Unterwelt“ und „Die schöne Helena“ wurden hier uraufgeführt.
Hoch hinauf geht es mit der Kurwaldbahn. Sie gehört zu den steilsten Standseilbahnen der Welt und verbindet das Kurviertel mit der Bismarckhöhe. Von der Bergstation hat man einen spektakulären Blick. Auf der anderen Lahnseite beeindruckt Schloss Balmoral in seiner Mischung aus Villa und weißer Ritterburg. 1868 wurde es für einen russischen Gutsbesitzer erbaut und später als Hotel genutzt. Heute ist das märchenhafte Haus eine Wohnstätte für Kunststipendiaten.
Zum Abschluss des Stadtspaziergangs ist ein Drink in der Skylounge auf dem Dach des Emser Thermenhotels perfekt.

- 56130 Bad Ems, www.badems-nassau.info
- ÖPNV: RB 23, RE 25, Hauptbahnhof Bad Ems

Farbenfrohes Ideenfeuerwerk

19 Die Welt von Floristik Lorenz

Als man Hundertwasser fragte, warum er unterschiedliche Socken trage, antwortete er: „Warum tragen Sie gleiche?" Seiner Meinung nach sollte jeder Mensch nach Individualität streben, einzigartig sein, wie die Natur. Keine Pflanze gleicht einer anderen, kein Mensch denkt exakt wie ein zweiter. Als lebenslanger Gegner der „geraden Linie" und jeglicher Standardisierung hat Friedensreich Hundertwasser Regentag Dunkelbunt unzählige Gemälde geschaffen. Beeindruckend sind auch die fantasievollen Bauten, die der Österreicher weltweit konzipierte. Charakteristisch dafür sind organische Formen, farbenfrohe Mosaike, unregelmäßige Elemente, bunte Säulen und die freie Entfaltung von Pflanzen.

Manfred Lorenz war vom Gedankengut des Künstlers so fasziniert, dass er sein Unternehmen, das Privathaus und den angrenzenden Garten in den letzten beiden Jahrzehnten in eine Hommage an Hundertwasser verwandelte. Mittlerweile hat der Gärtner- und Floristikmeister den Betrieb an seine Tochter Uta übergeben. In vierter Generation bietet Floristik Lorenz nun floristische Inszenierungen zu jedem Anlass. Vom blütenreichen Haarkranz über den individuellen Brautstrauß bis zur naturnahen Wohnraumgestaltung visualisiert das Team Wünsche. Wer die farbenfrohen Arrangements und bunten Säulen vor dem Haupteingang bestaunt hat, gelangt über den markant gestalteten Eingangsbereich in eine bunte Welt aus kurvigen Wänden, bunten Ornamenten und einer zauberhaften Pflanzen- und Blütenpracht. Sofort hat man ein Lächeln auf den Lippen, möchte die Wände berühren und jedes Mosaik detailliert betrachten. Im oberen Stock werden wechselnde Ausstellungen gezeigt. Wer ein märchenhaftes Kunstwerk mit nach Hause nehmen möchte, kann vor Ort Originalgrafiken oder einen individuellen Strauß Schnittblumen aus der Region erwerben. Glücklich macht auch ein Besuch des Gartenparadieses direkt hinter dem Unternehmen.

Wer mehr zu Hundertwassers Philosophie wissen möchte oder gern wüsste, warum dieser Fenster und Türen als „die Augen des Hauses" bezeichnete, nutzt eine Haus- oder Gartenführung.

- Floristik Lorenz, Wiesbadener Straße 12, 65549 Limburg an der Lahn, Tel. (0 64 31) 4 59 47, www.floristik-lorenz.de
- ÖPNV: Diverse Busse, Haltestelle ZOB Limburg

Eine heilsame Oase

20 Der Kräutergarten am Nonnenpfad in Fachingen

„Das Buch der Arznei ist die Natur selbst." Dieses Zitat von Paracelsus gehört zu den inspirierenden Weisheiten im 1300 Quadratmeter großen Kräutergarten am Nonnenpfad. Jedes Beet ist mit viel Liebe zum Detail gestaltet. An jeder Ecke wartet ein Ruheplatz. Hier können Gäste verweilen und die Idylle und Pflanzenpracht genießen.
„Bei mehr als 40.000 mitteleuropäischen Pflanzen gibt es immer etwas zu entdecken", sagt Monika Schneider, die 2011 ihren Traum vom eigenen Kräutergarten in Fachingen verwirklichte. Mehr als 400 verschiedene Kräuter, etwa 100 Stauden sowie Gemüse, vom Salat bis zum Rhabarber, wachsen hier nun jedes Jahr. Überall duftet es nach Minze und Zitronenverbene, Kamille und Melisse.
Das Herzstück des Gartens ist die Casa Monika. Ein wunderschönes Fachwerkhäuschen mit Mauerwerk aus Ziegelsteinen, einer uralten Eingangstür aus Holz, Sprossenfenstern und Nonnenziegeln auf dem Dach. Das charmante Häuschen nutzt die Gartenexpertin bei Führungen als Gastraum. Hier unterhalten sich die Besucher nach der etwa 90-minütigen Führung bei hausgemachtem Brot, Tee und Aufstrichen. Die ausgebildete Heilpflanzentherapeutin kennt sich auch mit Ethnomedizin aus und ist Gesundheitsberaterin. Neben Seminaren zur Wildkräuterküche bietet sie Workshops zu Themen wie dem Einsatz von Kräutern in den Wechseljahren, zur Förderung der Wundheilung, bei Konzentrationsstörungen und zu den Kräutern der Hildegard von Bingen. Auf Monika Schneider hat der Garten bis heute eine beruhigende Wirkung. Ihre Lieblingsblume in dieser friedlichen Oase ist die weiße Rose, weil diese unendliche Liebe symbolisiert. Ihr Lieblingskraut ist der Spitzwegerich, weil er das Immunsystem unterstützt. Hier scheint für jedes Bedürfnis das passende Kraut zu wachsen.
Wer sein persönliches finden möchte, kann neben einer individuellen Gruppenführung auch am Tag der offenen Gärten, der zweimal jährlich veranstaltet wird, vorbeikommen.

TIPP

Der Garten liegt am Lahnwanderweg und ist Teil des NABU-Rundwanderwegs Birlenbach-Fachingen.

- Kräutergarten am Nonnenpfad, Monika Schneider, Am Wiesengrund 10, 65626 Fachingen, www.nonnenpfad.de
- ÖPNV: Lahntalbahn, Bahnhof Fachingen (4 Minuten Fußweg)

Eine Frage der Einstellung

21

Der faszinierende Leitz-Park in Wetzlar

„Fotografieren bedeutet, den Kopf, das Auge und das Herz auf dieselbe Sichtlinie zu bringen", sagte der Fotograf und Regisseur Henri Cartier-Bresson. Diesen Gedanken greift der neue, interaktive Komplex des Ernst-Leitz Museums auf. Hier erfährt man, wie ein stimmiges Bild entsteht und welche Auswirkungen unterschiedliche Belichtungszeiten auf eine Fotografie haben. In einem anderen Bereich helfen verschiedene Lichtquellen dabei, eigenständig ein perfektes Erinnerungsbild zu fotografieren. Die Wirkung von Licht und Schatten, Wind und Geschwindigkeit lässt sich an weiteren Aktivfeldern ausprobieren und für die Ewigkeit im Bild festhalten. In der Leica Welt finden sich außerdem wechselnde Ausstellungen von politisch aktiven Fotografen und weltbekannten, kommerziell arbeitenden Kollegen.

TIPP

Im Café Leitz gibt es hausgemachte Kuchen, Torten und Pralinen.

Zur einzigartigen Geschichte des Unternehmens und zur Entwicklung der Kamera erfährt man im gegenüberliegenden Gebäudekomplex Interessantes. Hier finden sich auch die kuriosesten Fundstücke, wie eine Leica-Kamera, die aus einem Flugzeug stürzte und – auf dem Boden angekommen – immer noch funktionierte. Die berühmtesten Bilder, die je mit einer Leica-Kamera aufgenommen wurden, sind ebenfalls zu bestaunen. Auch die gläserne Manufaktur, in der Linsen, Kameras und Objektive in Handarbeit gefertigt werden, ist mehr als einen Blick wert. 1849 gründete Carl Kellner in Wetzlar ein optisches Institut. Ernst Leitz übernahm 1869 die Geschäftsführung und baute das Unternehmen unter seinem Namen aus. Aus dem Handwerksbetrieb wurde innerhalb weniger Jahre der weltweit größte Mikroskop-Hersteller. Leitz' Sohn sorgte mit der Fertigung der Kleinbildkamera Leica für die bis heute erfolgreiche erweiterte Ausrichtung des Unternehmens.

Wer selbst fotografieren will, kann im Leica Store eine Ausrüstung kaufen. Vor Ort findet sich auch die Leica Akademie. Hier werden Workshops für ambitionierte Hobbyfotografen und Profis zu Themen wie Porträtaufnahmen, Naturbilder sowie Bildbearbeitung angeboten.

- Leitz Welt, Am Leitz-Park 5, 35578 Wetzlar, Tel. (0 64 41) 2 08 00
www.leitz-park.com
- ÖPNV: Diverse Busse, Haltestelle ZOB Wetzlar, dann Bus 11, Haltestelle Leitz-Park

Leica
LEICA WELT
ERNST LEITZ MUSEUM
MUSEUMSHOP
LEICA STORE WETZLAR

Der Lieblingsitaliener kocht

22 Genießen im Mühlenkeller in Niederbrechen

Das Lieblingsgericht der Gäste ist seit Langem „Spaghetti Christina", Nudeln mit Gemüse-Ratatouille und ganz viel Parmesan. Der Favorit der Inhaberin wechselt. Aktuell ist es Rote-Beete-Hummus mit Oktopus. In den letzten 20 Jahren hat sich die Küche von Enea und Christina Arena Basto von der traditionellen Pizzeria zu einem Restaurant mit modern interpretierten italienischen Gerichten entwickelt.

Weil bekannte Rezepte im Mühlenkeller originell kombiniert werden, locken Pizzen wie die Variante „Porchetta" mit Tomaten, Mozzarella, Schinken vom Spanferkel, Rucola und Parmesan ganzjährig zum Genießen. Im Herbst bringen Rezepte wie „Wiener Schnitzel mit Steinpilzen, Buttertagliolini und Babyspinat" deutsch-italienisches Flair. Weil die saisonale Karte alle 8 Wochen wechselt, finden sich in Niederbrechen immer wieder neue Möglichkeiten, den eigenen Gaumen zu verwöhnen. Alle Zutaten kommen aus der Region, vom Frischmarkt und zum Teil sogar direkt aus Italien, wie die gelben Datteltomaten. Hier schmecken Pizza, Pasta, fangfrischer Fisch und Fleischspezialitäten nach Urlaub. Und weil man davon nie genug bekommen kann, werden aus den meisten Gelegenheitsbesuchern schnell Stammgäste.

TIPP

Unter dem großen Kirschbaum finden freie Trauungen statt.

Neben dem leckeren Essen liegt das auch an der besonderen Atmosphäre. Wer im erstaunlich hellen historischen Gewölbekeller Platz nimmt, lehnt sich entspannt im Stuhl zurück und strahlt schon vor dem ersten Gang. Das gleichermaßen geschmackvolle wie gemütliche Ambiente entsteht durch die Kombination des urigen Steinkellers mit eleganten lilafarbenen Stühlen, feinen Holztischchen und goldenen Tischlämpchen. Dezente Hintergrundmusik und ein Team aus gut gelaunten Mitarbeitern versüßen den Aufenthalt. Fast so sehr wie das Schokoladen-Soufflé mit Bourbon-Vanilleeis und flüssigem Schokokern.

Auch der helle Wintergarten mit Blick aufs Lavendelfeld lädt ganzjährig zum Verweilen ein. Die großzügige Holzterrasse inklusive Strandkorb und kleinem Teich ist im Sommer besonders beliebt.

Mühlenkeller, Bahnhofstraße 42 a, 65611 Niederbrechen
www.muehlenkeller.de

Im Ton vergriffen?

23 Hand anlegen im Töpferkurs Becker in Staudt

Das Kannenbäckerland ist die Region im Westerwald, die über ein enormes Tonvorkommen verfügt und durch das traditionelle graublaue Westerwälder Steinzeug geprägt ist. Um der Faszination dieses natürlichen und kreativen Werkstoffes nachzuspüren, bietet sich ein Töpferkurs vor Ort an. Wer das feuchte, kühle Material zum ersten Mal berührt, ist sofort verzaubert von dessen Anziehungskraft. Nachdem die Kursteilnehmer ihre Lieblingstonsorte gefunden haben, bearbeiten sie diese intensiv. Dadurch wird der Ton geschmeidig, vorhandene Luftblasen werden eliminiert. Erste Klumpen werden zentriert, nun geht es darum, Hände und Füße zu koordinieren. Während man per Fußpedal die Scheibe steuert, sind die Hände damit beschäftigt, im richtigen Tempo und mit angemessenem Druck den Rohstoff zu bearbeiten. Weil dazu volle Konzentration notwendig ist, bildet man bald eine Einheit mit seinem Werkstück. Wer mit Ruhe und Gefühl arbeitet, erlebt schnell erste Erfolgserlebnisse. Effektvolle Gefäße von individuellen Schalen über kleine Vasen und Töpfe bis zu Tassen entstehen bereits nach wenigen Stunden. Ab dem zweiten Tag können die über Nacht lederhart gewordenen Stücke „abgedreht" und verschönert werden. Dazu bietet sich Engobe, flüssiger, eingefärbter Ton, besonders an.
Kai Becker zeigt seit 2001 monatlich in mehreren Kursen Tipps und Tricks rund ums Drehen und kunstvolle Arbeiten mit Ton. Alle Kurse für Anfänger und Fortgeschrittene finden in der Werkstatt des gelernten Scheibentöpfers statt. Neben den Workshops zum Töpfern an der Scheibe gibt es Kurse zur Oberflächengestaltung und zur japanischen Rakubrandtechnik. Beliebt ist auch der Sommerkurs. Hier wird Ton ohne Scheiben, ausschließlich in Plattentechnik, bearbeitet.
Alle Kurse finden in entspannter Atmosphäre in Kleingruppen jeweils von 10 bis 16 Uhr statt. Wer möchte, findet in der Nähe eine Übernachtungsmöglichkeit. In allen Kursen wird ein Eindruck zu den vielfältigen Gestaltungsmöglichkeiten von Ton vermittelt. Kai Becker hat viele Stammkunden, die in diesem einmaligen Event ein neues Hobby gefunden haben.

● Töpferkurse Kai Becker, Wiesenstraße 17, 56424 Staudt, Tel. (0 26 02) 9 13 16 94
www.toepferkurse-becker.de

Leinen los!

24 Idyllische Schiffstour Vomfell in Limburg

Seit 2012 betreibt Josef Vomfell die „Wappen von Limburg“. Das 32 Meter lange und 5 Meter breite Personenschiff aus dem Jahr 1987 wurde im Jahr 2017 komplett saniert. 120 Gäste können nun im neu gestalteten Innenraum oder auf dem Oberdeck im chilligen Außenbereich Platz nehmen. Neben zwei täglichen Touren locken immer häufiger Events auf das Schiff.

Neben Nikolaus- und Adventsfahrten gibt es eine Silvestertour, zwei Schlagerpartys und ein 70-80-90er-Jahre-Hit-Event. Unter dem Motto „An Bord kommen und nochmal zum Teenager werden“ lädt das Team Vomfell zum Tanzen, Mitsingen und Spaßhaben ein. Während auf Deck der DJ für Stimmung sorgt, cruisen die Gäste entspannt über die Lahn.

Wer nicht bis zur nächsten Veranstaltung warten möchte, kann von April bis Oktober täglich an zwei Touren teilnehmen. Die kurze Strecke führt bei gemächlichen 10 bis 12 Stundenkilometern Richtung Steeden. Vorbei an der wunderschönen St.-Lubentius-Basilika in Dietkirchen kommt bald das Dehrner Schloss in Sicht, bevor am Kalkwerk gewendet wird und die Fahrt nach 1,5 Stunden am Ausgangspunkt endet. Die lange Tour führt über Diez nach Balduinstein. Bereits nach wenigen Metern Fahrt geht es in die alte Schleuse. Steht man davor, glaubt man kaum, dass das Schiff hier genug Platz findet. Ist die Hürde gemeistert, startet eine entschleunigende Zeit auf dem Wasser, mit Eyecatchern wie dem Diezer Grafenschloss, dem Schloss Oranienstein und der Schaumburg. Und dazwischen bleibt viel Zeit, um die Flora und Fauna zu bewundern. Die Stille auf dem Fluss lässt Körper und Geist zur Ruhe kommen. Vor Ort gibt es neben den üblichen Kalt- und Warmgetränken auch Cocktails. Die kleine Speisekarte bietet neben Vesperteller und Suppen auch Kuchen und Laugengebäck.

Wer die komplette Tour bucht, ist 4 Stunden unterwegs. Nutzt man nur die Hinfahrt, geht man am Anleger in Balduinstein über die Straße und fährt vom Bahnhof in wenigen Minuten wieder nach Limburg zurück.

- Lahntalschifffahrt Josef Vomfell, Rheinstraße 7, 65555 Limburg an der Lahn, Tel. (0 64 31) 39 84, www.lahntalschiffahrt.de (Homepage mit zwei f)
- ÖPNV: Diverse Busse, Haltestelle ZOB Limburg (10 Minuten Fußweg)

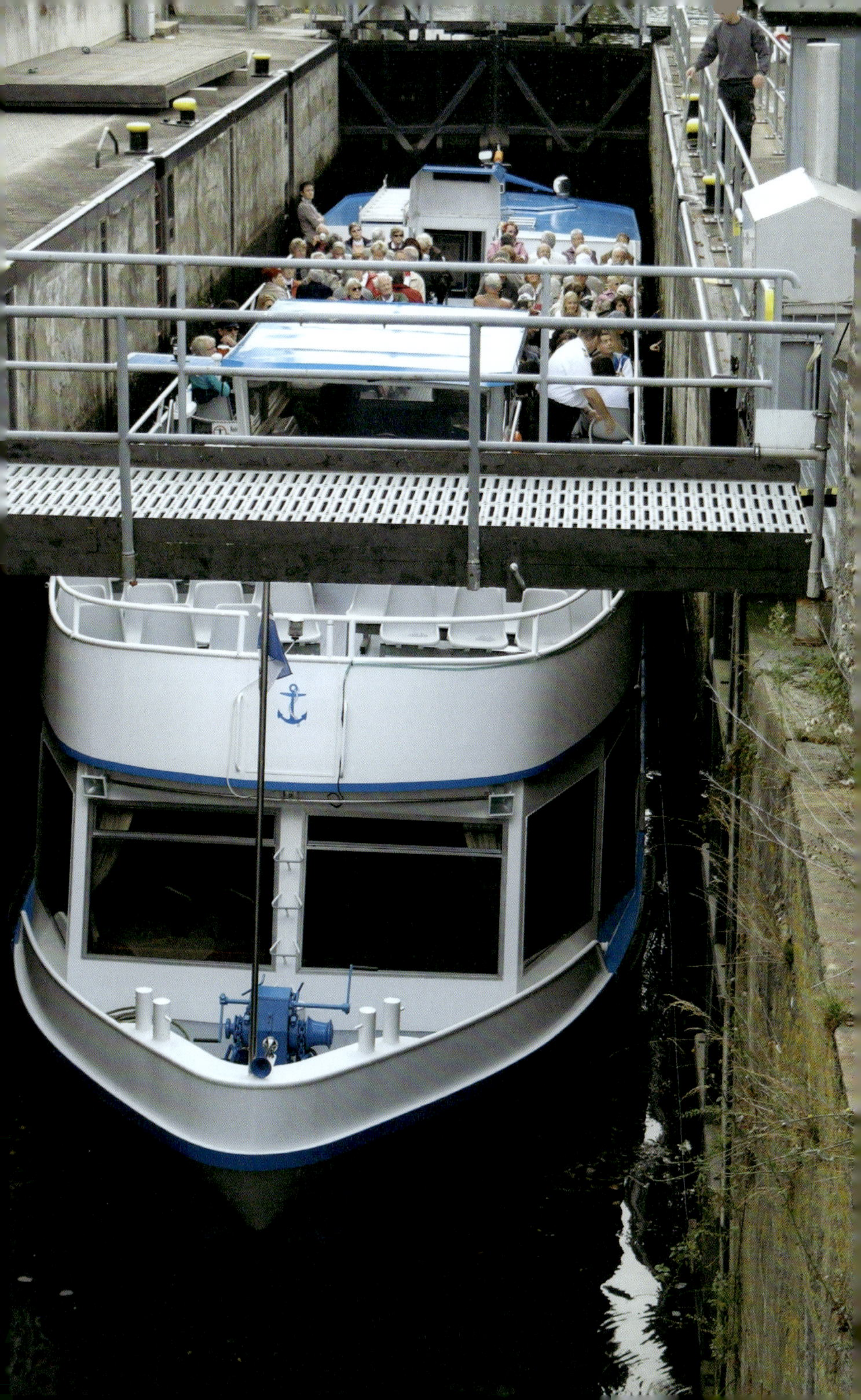

Gedanken in Form gebracht

25 Zurücklehnen im Skulpturenpark Greifenstein

Gerade einmal 30 Kilometer von Limburg entfernt erwartet der Skulpturenpark Greifenstein Kunstinteressierte jeden Alters. Auf einem 25.000 Quadratmeter großen hügeligen Areal mit uraltem Baumbestand und wunderschönem Fernblick bietet Siegfried Fietz ein einzigartiges Angebot. Mit seinen Skulpturen aus Stein, Metall und Holz möchte der erfolgreiche Musiker, Maler und Bildhauer seine Mitmenschen zum Staunen und Nachdenken inspirieren. Wer die Sinne schärfen und die eigene Sichtweise erweitern möchte, findet hier Kompositionen, die durch den Ort und die Anordnung, die Bearbeitung oder den Titel magisch erscheinen.

Nachdem man von einem 5 Meter hohen Blumenstrauß aus Eisen und Ton am Eingang begrüßt wurde, zieht ein riesiger Wal die Blicke auf sich. Trotz seiner Größe löst das honigbraune Tier, das aus einer 1000 Jahre alten Eiche entstand, einen Streichelreflex aus. Die Geschichte von Jona und dem Wal stand Pate für dieses Monument. „Apostel" heißt eine Installation aus den Balken eines alten Hauses. Sie wurden zu einer elfköpfigen Personengruppe verarbeitet. Eine Figur steht auf dem Kopf. Oben thront ein Spiegel. Wer hineinsieht, wird für einen Moment zum zwölften Mitglied der Gruppe.

TIPP

Der Besuch lässt sich mit einer Radtour im Ulmtal verbinden.

Die Denksteine beeindrucken durch ihre Größe und kraftvolle Ausstrahlung. Wer möchte, kann das Werk zum Anlass nehmen, um persönliche Ereignisse zu reflektieren. Zum Schmunzeln lädt die Holzfigur „Wildsau aus der Flasche" ein. Sie liegt auf einer Wiese, träumt von Sommerwölkchen und fantastischen Geschichten. Wer will, macht es ihr nach und lässt sich nieder. Oder denkt darüber nach, warum der Kopf des Ebers eine Flasche ist.

Die riesigen Denksteine bieten sich auch für ein Erinnerungsfoto an, die felsige Vogeltränke zur Tierbeobachtung und der sonnengewärmte Basaltstuhl zum Ausblick bis zum Feldberg im Taunus. Der Steinkreis versprüht Schottlandfeeling mitten in Hessen.

Der Park ist 24/7 geöffnet. Um Details zu den Exponaten zu erfahren, sind die QR-Codes an jeder Skulptur perfekt.

- Skulpturenpark Siegfried Fietz, Lenzwies, 35773 Greifenstein
www.skulpturenpark.info
- ÖPNV: Diverse Busse, Haltestelle ZOB Herborn, dann Bus 530, Haltestelle Allendorf Schule, Greifenstein

Have a break & take a cake

26 Das Flair im Café Blütezeit Brechen genießen

Eigentlich wollte Jenny Steinebach ihr Café nur öffnen, wenn die Blumen blühen. Zum Glück kam es anders. Das Café Blütezeit lockt ganzjährig mit leckerem Frühstück, kleinen Snacks, hippen Trendkuchen und klassischen Torten. Und dazu gibt es jede Menge Urlaubsfeeling. Wer Holland mag, wird die kleine Auszeit in Niederbrechen lieben. Der Innenraum kombiniert den typischen skandinavischen, lichten Stil mit bonbonfarbenen Dekoartikeln und einem grünen, nostalgischen Riesen-Kaugummiautomaten. Hier nimmt man gern mit der Familie oder der besten Freundin Platz und genießt ein Frühstück à la Blütezeit. Neben Eier-Speckblüten und Bio-Amaranth-Müsli stehen ein traditionelles, ein vegetarisches und ein veganes Frühstück zur Wahl. Inklusive Eszetschnitten und Knäckebrot.

TIPP

Am Haus entlang führen ein Fahrrad- und zwei Wanderwege.

Kommt man zur Kuchenzeit vorbei, erwarten Erdbeer-Eierlikör-Torte, Toffee-Kuchen, Apfelkäse- und Schmandarinenkuchen die Gäste. Vielleicht gibt es aber auch eine Baileys-Torte und Rote-Beete-Schokokuchen sowie die Himbeer-Heidelbeer-Torte? Die Sorten wechseln wöchentlich, lecker sind sie alle.

Im Sommer nimmt man gern auf der Terrasse Platz und schielt bei einer Flasche Water Drop oder einem heißen Kakao verträumt auf die blütengeschmückte rosa Schaukel und den kleinen Teich.

Wer nach einem angeregten Gespräch oder einer entspannten Pause vom Alltag ein bisschen Blütezeit-Feeling mit nach Hause nehmen möchte, findet im Thekenbereich handgemachte Kleinigkeiten neben trendigen Dekoartikeln. Und vor der Tür liefert der umfunktionierte Kaugummiautomat Wildblumensamen für eine blühende Zeit im eigenen Heim.

Links neben dem Eingang steht ein rotblaues Zirkuszelt auf der Wiese. Das wunderschöne Sehnsuchtsobjekt wird für Privatfeiern im Boho-Schick, Glitzer- oder Country-Style dekoriert.

Das Café ist nur am Wochenende geöffnet, zum Frühstücken unbedingt reservieren! Winterdrinks und feine Tees lassen sich an Wintertagen in den Retro-Spaghetti-Stühlen mit Schafsfell stilvoll genießen.

- Café Blütezeit, Limburgerstraße 153, 65611 Brechen, Tel. (0 64 38) 83 64 34 www.cafe-blütezeit.de
- ÖPNV: Diverse Busse, Bahnhof Niederbrechen

Gartenweiber und Holzköpfe

27 Die geschichtsträchtige Altstadt Idstein

In der wunderschönen Altstadt von Idstein bieten mehr als 200 Fachwerkgebäude unzählige Gelegenheit zum Staunen und Entzücken, Nachdenken und Lächeln. Zwischen 1410 und der Mitte des 18. Jahrhunderts entstanden die prunkvollsten Gebäude der nassauischen Residenzstadt. Das Wahrzeichen der Stadt ist der 42 Meter hohe Hexenturm, der 1810 sein heutiges Aussehen erhielt.

Für einen individuellen Rundgang durch vier Jahrhunderte Fachwerkbau ist ein Flyer in der Tourist-Info im Killingerhaus kostenlos erhältlich. Die bunten Neidköpfe in den üppigen Fachwerkschnitzereien des Gebäudes sind das erste Highlight. Spaziert man weiter durch die malerischen Altstadtgassen, buhlen hölzerne Nixen und goldene Löwen darum, bestaunt zu werden. Wer in die Unionskirche einkehrt, kann die prächtigen Deckengemälde bewundern. Den besten Ausblick genießen alle, die den Hexenturm erklimmen. Ein digital abrufbares Angebot erweitert die Eindrücke um Anekdoten und Wissenswertes. Wie die über den Likörfabrikanten Gustav Justi. Der Idsteiner Apotheker und Landtagsabgeordnete war Mitgründer der VR-Bank in Idstein. Unterhaltsam sind auch die Geschichten zu den Neidköpfen am Killingerhaus und die Details zur Skulptur am Hochzeitsgarten.

Wer mehr zur Stadtgeschichte wissen möchte, nutzt eine der kurzweiligen Stadtführungen. Gemeinsam entdeckt man romantische Altstadtgassen, ungewöhnliche Blickwinkel und unerwartete Details zur nassauischen Residenz, zu Holzköpfen und Feuerböcken.

Eine originelle Themenführung geht der Frage nach: „Was trieben die Gartenweiber in Idstein im Jahre 1702?“ Die Teilnehmer werden Teil der Geschichte. Während sie die Gartenweiber auf ihrem Weg vom Höerhof zum Schlossgarten begleiten, lauschen sie dem Klatsch und Tratsch aus der Zeit um 1700.

Wer die Schönheit der Hochschulstadt auf besondere Weise im Bild festhalten möchte, wird von den Fotoführungen „Historischer Walk“ begeistert sein. Details zu diesen und weiteren Angeboten finden sich online.

- 65510 Idstein, www.idstein.de
- ÖPNV: Bus 221, 222, Haltestelle Busbahnhof Idstein

Lamasté

28

Tierische Wandererlebnisse mit Lamaherz Diez

Wer sich in Achtsamkeit üben möchte, könnte Yoga ausprobieren. Oder eine Lamawanderung unternehmen. Denn die empfindsamen und klugen Tiere sind echte Vorbilder für alle, die im „Hier und Jetzt" leben möchten. Die domestizierte Kamelart aus den Anden nimmt Stimmung und Umfeld genau wahr. Wer es schafft, eine Verbindung aufzubauen, wird mit einem intensiven Erlebnis belohnt. Lamas agieren ausschließlich mit Menschen, die sich ihnen exklusiv widmen. Bemerken Sie bei einer Person Desinteresse, wenden sie sich ab.

2012 war Nadja Quirein nach ihrer ersten Lamatour so fasziniert von der sanften Ausstrahlung der Tiere, dass sie sich mit deren Eigenarten auseinandersetzte und nach kurzer Zeit drei eigene Tiere erwarb. Aus drei wurden fünf. Bis heute ist die Zeit mit den Tieren für sie der beste Ausgleich zum Bürojob. Weil sie von der Kraft der Begegnung fasziniert ist, vermittelt sie engagiert zwischen Menschen und Tieren. Ihre Lamaspaziergänge sind Bildungsangebote und beginnen mit einer Annährung auf der Weide. Dort lernen die Besucher zunächst die Tiere und den Herdenplatz kennen. Die Lamaherz-Bande besteht aus den Lamas Pedro, Lennard und Edelbert sowie den beiden Alpakas Momo und Merlin. Die kleine Herde hat ihr Areal selbst in Badestelle, Zahnpflegeplatz und Toilette eingeteilt. Der Stall und Futterplatz sowie ein Trainingsparcours ergänzen die Fläche.

Interessierte machen einen Lama-Führerschein und lernen die wichtigsten Eigenarten der Tiere kennen. Schon nach kurzer Zeit weiß jeder, dass Lamas und Alpakas frischen Löwenzahn lieben, trockenes Brot und altes Stroh ihnen aber nicht guttut. Teilnehmer können anhand der Ohren Alpakas von Lamas unterscheiden und erfahren, wie die Tiere ihr Revier markieren. Wer Lust hat, die Lamaherz-Herde genauer kennenzulernen, kann bei Nadja Quirein eine Führung, einen Workshop oder eine Schnupperstunde buchen. Egal, wofür man sich entscheidet, die friedliche Stimmung springt schnell vom Tier auf den Menschen über, ganz nach dem Motto „No drama – Lama".

TIPP

Die Tiere stehen auf einer Weide in Diez!

Lamaherz, Am Schloßberg 1, 65558 Holzheim, Tel. (01 77) 6 56 83 75
www.lamaherz.de

Sehen und gesehen werden

29 Stilvergnügen in Limburg

Wer sich in seiner Haut wohlfühlt, strahlt das auch aus. Perfekt, wenn der persönliche Look diese Wirkung unterstützt. Ist die Kleidung farblich auf den eigenen Hauttyp abgestimmt, wirkt der Teint frisch, und die Ausstrahlung steigt. Schmeichelt die Kleidung der Figur und passt gleichzeitig zum Anlass, wird das Selbstbewusstsein gestärkt. Komplimente erfreuen zusätzlich.

Nach einem entspannten Kennenlerngespräch berät die Stylistin und Image-Coachin Judith Eufinger ihre Kunden. Egal, ob man kompetent im Job wirken möchte oder nach einem Umbruch das Äußere und Innere wieder in Einklang bringen will, die Inhaberin von Stilvergnügen weiß, wie es geht.

Als Grundlage für die Beratung dient eine Auswahl an mitgebrachten und vorhandenen Kleidungsstücken. Bei der Farbberatung wird zunächst der Hautunterton bestimmt. Eine Auswahl an Stoffen zeigt, wie sich die eigene Leuchtkraft beim Einsatz unterschiedlicher Farbtöne verändert. Auch die Wirkung der Farben kann gezielt eingesetzt werden. Rottöne geben Power, Magenta bietet Schutz gegen negative Energien. Bei der Stilberatung geht es um den typgerechten Kleidungsstil für die eigene Persönlichkeit. Neben den Proportionen sind Charakter und Auftreten entscheidend, um einen Leitfaden zu entwickeln. Obwohl sich viele als klassisch, sportlich, feminin oder extravagant einordnen, sind die meisten Menschen Mischtypen mit Anteilen aus mehreren Bereichen. Bei der Beratung spielt die Frage „Wie möchte ich wirken?“ eine entscheidende Rolle.

Stilvergnügen bietet auch Brillen-, Frisuren- und Make-up-Beratung an. Personalshopping und Kleiderschrankcheck erweitern das Portfolio. Um ihre Kunden auch innerlich zu stärken, bietet Judith Eufinger als Glückscoach den Workshop Glück an. In Kleinstgruppen werden Atemübungen und Meditationen, Übungen aus dem Qigong und Tanzeinheiten kombiniert. Die Teilnehmer kommen zur Ruhe und werden aktiv, ordnen ihre Gedanken und verlassen den Workshop mit hilfreichen Tipps für den Alltag.

- Stilvergnügen Judith Eufinger, Auf der Unterheide 36 a, 65549 Limburg an der Lahn, Tel. (01 73) 3 60 63 61, www.stilvergnuegen.de
- ÖPNV: Diverse Busse, Haltestelle ZOB Limburg (10 Minuten Fußweg)

Musik im Ohr

30 Das Lindencult in Weilburg-Hasselbach

Etwas außerhalb von Weilburg ist in einem umgebauten Bauernhof ein inspirierender Ort für die schönsten Künste von der Musik über Unterhaltung bis zur Malerei entstanden. Hier kann man Künstler aus nächster Nähe beim Musizieren und Denken beobachten, hat die Chance, in neuen Klängen zu versinken oder sich von der Stimme einer Sängerin entführen zu lassen. Uli Eisel und Doris Happ haben den Lindenhof zu einem Veranstaltungsjuwel umgebaut. Im ehemaligen Kornspeicher nimmt man auf kleinen Sofas und Holzbänken, Stühlen und Barhockern direkt vor der Bühne, an der Bar oder am Kamin Platz.
Seit 2009 finden am Rand von Hasselbach die unterschiedlichsten Musik-, Theater- und Kabarettveranstaltungen statt. Bekannte Künstler wie Stoppok oder die französische Neosoul-Band Lehmann Brothers kommen ebenso gern vorbei wie Newcomer der Kabarett- und Jazzszene. Exotische Gruppen wie die mongolische Band HUUN HUUR TU locken Fans sogar aus Bremen und Köln. Regionale Entdeckungen wie David Fachinger verzaubern mit intensivem Songwriter-Pop ein wachsendes Publikum. Die 15 bis 20 Konzerte pro Jahr sind eine bunte Mischung aus Musik und Kabarett. Besondere Perlen wie der Kritzelcomedy Zeichner Micha Marx mit seinem Programm „Lauchangriff“ bringen die Zuschauer und -hörer zum Staunen.
Egal, welche Veranstaltung man besucht, Lindencult-Konzerte wirken familiär und bringen gute Laune. Bei hausgemachtem Apfelsaft, einem Kölsch oder Spezialbier genießt man jeden Künstler entspannt. Die besondere Atmosphäre entsteht durch das Eigentümerpaar, die das Lindencult ohne kommerzielle Absichten betreiben. Viele Konzerte sind Hutkonzerte. Das bedeutet, jeder Zuhörer legt nach der Veranstaltung so viel Geld in einen Hut, wie ihm die Veranstaltung persönlich wert war. Alle Einnahmen kommen den auftretenden Künstlern zugute. Über die Gage hinausgehende Gelder werden für gemeinnützige Zwecke gespendet.

● Lindencult, Lindenhof 2, 35781 Weilburg-Hasselbach, www.lindencult.de

Das zergeht auf der Zunge

31 Die urige Villa Konthor in Limburg

Eine Bar, mit Mahagoniholz vertäfelt, über und über mit edlen Getränken gefüllt. Ein uriger Gewölbekeller voller Weine, Rum und Likör versprühen Schottlandfeeling. Und sind auch für Schokoladenliebhaber einen Besuch wert.

Die Villa Konthor zählt zu den führenden deutschen Whiskybars. Der Inhaber, Robin Pitz, ist vielfach ausgezeichneter Barmeister und von Dudelsackmusik, britischer Lebenslust und Whisky fasziniert. Seine Begeisterung spürt jeder Gast, den er und sein Team individuell berät. Bei den Whiskys stehen unglaubliche 700 offene Abfüllungen von hochwertigen Standards über limitierte Editionen bis hin zu Raritäten und Hausabfüllungen zur Auswahl. Obwohl Whisky nur aus Gerste, Wasser und Hefe besteht, scheint die Geschmacksvielfalt unerschöpflich. Um dieses Genusserlebnis noch zu toppen, bietet der Inhaber Tastings in Kombination mit Feinkostprodukten an. Wer einen Single Malt Whisky aus Schottland mit einem schmelzenden Stück Schokolade oder einem feinen Stück Käse ergänzt, erlebt ein doppeltintensives Vergnügen.

Die handgemachten Schokoladenkreationen aus der Konditorei Vogel in Braunfels sind nicht nur eine tolle Ergänzung des Alkoholsortiments, sondern auch solo sowie in Kombination mit einem englischen Tee oder feinem Kaffee ein Genuss. Von der weißen Schokolade mit Meersalz und karamellisierten Maisflocken über die 42-prozentige Edelvollmilch mit tasmanischem Pfeffer bis zur Grand Cru Extra Bitter 85 Prozent stehen feine Varietäten täglich für ein kleines Schokoladentasting bereit. Wer möchte, kann nach Feierabend für eine Mini-Verkostung einkehren oder am Wochenende vorbeischauen und vor Ort zum Feinschmecker werden.

Whisky-Tastings, Wein- und Schokoladenproben, Zigarrenabende, Afternoon Tea Sundays und exquisite Dinner-Veranstaltungen mit musikalischen Gästen versprechen ein unvergessliches Erlebnis. Für ein privates Schoko-Whisky-Tasting zu Hause gibt es außerdem eine Geschenkebox. Wer von der Genusswelt Schottlands mehr sehen möchte, nimmt an einer Villa-Konthor-Schottlandreise teil.

- Villa Konthor, Werner-Senger-Straße 23, 65549 Limburg an der Lahn, Tel. (0 64 31) 21 89 58, www.villakonthor.de
- ÖPNV: Diverse Busse, Haltestelle ZOB Limburg

VAT 69

Komme was Wolle

32 Der erholsame Schafsberg

Wer hier Platz nimmt, vergisst den Lärm der Stadt und kommt zur Ruhe. Zwischen mächtigen Bäumen und endlos wirkenden Alleen flaniert man auf allen Wegen in Richtung Entspannung. Egal, ob man die Kastanienallee entlangspaziert oder die Lindenallee zum Nordic Walking nutzt, Innehalten ist an unzähligen Wegachsen und Lichtinseln am Schafsberg ein Genuss.

Das war nicht immer so. Vor mehreren Zehntausend Jahren war die Anhöhe ein aktiver Vulkan. Bis 1818 weideten hier Schafe. Dieser Tatsache verdankt der Stadtwald seinen Namen.

Der Schafsberg wird von Jahr zu Jahr schöner. Die parkähnliche Anlage ist ein magischer Anziehungspunkt für Einheimische und Touristen. Wer hier spazieren geht, hört die Vögel zwitschern und die Bienen summen. Wer den Blick hebt, entdeckt neben imposanten Baumkronen auch zahlreiche Steckbriefe zu den angepflanzten Bäumen. Man erfährt, warum die Rotbuche grünblättrig ist und woran man eine Blutbuche erkennt. Nach einem Spaziergang weiß man, warum man die Kastanien vor Ort nicht essen sollte und wofür die Früchte dieser Bäume stattdessen verwendet werden. Hier kann man nicht nur schlendern und joggen, sondern auch herrlich in die Natur eintauchen. Zum trendigen Waldbaden bieten sich die Relaxliegen, Hängematten und Waldsofas besonders an. Mehrere Exemplare erwarten Besucher am Waldrand. Der freie Blick auf das Schirlinger Feld und nach Staffel erweitert die eigenen Gedanken. Schaukelnd lässt sich die Aussicht auf Feld und Wiesen genießen und entspannt ein Feierabendplan schmieden. Im Waldsofa am Anfang der Kastanienallee schmeckt das mitgebrachte Picknick besonders lecker.

Wer sich nach so viel Natur ein Stück Schafsberg für zu Hause wünscht, könnte mit dem Limburger Schafsberg Honig glücklich werden. Online finden sich die Verkaufsstellen. Das süße Gold schmeckt im heimischen Umfeld genauso himmlisch wie beim nächsten Besuch des Parks. Während eines Picknicks mit Freunden auf dem Waldsofa?

TIPP

Am Nordhang des Schafsbergs liegt der denkmalgeschützte jüdische Friedhof der Stadt.

- Schafsberg, 65549 Limburg an der Lahn
  www.limburger-schafsberg-imkerei.de
- ÖPNV: Diverse Busse, Haltestelle ZOB Limburg

Grenzen überwinden

33 Das b-05 Kunst-Kultur-Natur in Montabaur

„Neue Wege entstehen, indem wir sie gehen", sagte Friedrich Nietzsche. Das international vernetzte Kultur- und Naturerlebniszentrum b-05 bestätigt dieses Zitat eindrucksvoll. Mitten im Wald von Montabaur entstand ein spannender Ort der Gegensätze.
Auf dem 12 Hektar großen Gelände stehen zwischen Bäumen und Wiesen unterschiedlich große Bunker, die durch Wege und Zufahrtsstraßen miteinander verbunden sind. Das ehemalige Nato-Munitionslager ist heute ein Naturareal von grotesker Schönheit und irritierendem Flair. Seit 2008 finden hier internationale Ausstellungen statt. Hochkarätige Künstler wie Ai Weiwei, Matthew Barney, Jannis Kounellis, Martin Kippenberger, Bridget Riley, Donald Judd und Werner Herzog haben bereits vor Ort ihre Werke ausgestellt. Mit den Arbeiten haben sie Menschen aus allen Teilen Deutschlands – und darüber hinaus – bewegt und zum Staunen gebracht.
Mit zahlreichen Aktivitäten sollen Ideen für eine selbstverantwortliche, bewusste, nachhaltige und schöpferische Gestaltung der eigenen Lebensumwelt vermittelt werden. Man möchte Anregungen bieten, wie die Zukunft intelligent, kompetent und kreativ gestaltbar ist. In Ausstellungen, Workshops, Konzerten, Lesungen und Führungen soll das Bewusstsein für den Wert von Kunst und Natur intensiv gefördert werden.
Von April bis Oktober lässt sich das Areal im Rahmen von Veranstaltungen und Führungen erleben, aber auch selbstständig erkunden. Auf einem bewaldeten Rundweg erwarten die Gäste geschnitzte Riesenskulpturen und interaktive Schautafeln. Etwas weiter grasen Ziegenherden und dazwischen ragen die Bunkereingänge aus der Erde, massiv und hell erleuchtet bieten sie wechselnde Ausstellungen zu den unterschiedlichsten Themen.
Wer nach den intensiven Eindrücken aus der Natur und Kunst im Innen- und Außengelände zur Ruhe kommen möchte, kehrt im Café b-05 auf ein Stück Kuchen oder eine Quiche ein. Mit der Betreiberin, Freunden und den anderen Gästen kommt man schnell ins Gespräch.

● b-05 Kunst-Kultur-Natur e. V., Im Stadtwald 2, 56410 Montabaur, www.b-05.org

Essbares Glück

34 Die Himmlische Bäckerei in Hünfelden

Nachdem die Hobbybäckerin Sandra Jaspert ihre Familie, Freunde und Bekannte jahrelang mit ihrer Leidenschaft begeisterte, wurde aus der Passion eine echte Berufung. Die engagierte Krankenschwester startete 2020 mit einer Ausnahmegenehmigung durch, gründete die „Himmlische Bäckerei“ und bietet nun einzigartige Kekse an, in den ausgefallensten Formen und mit den aufwendigsten Verzierungen.

„Viel zu schade zum Essen“, kommentieren viele Kunden die eindrucksvollen Arbeiten. Gleichzeitig erhöht die Vergänglichkeit dieser zeitintensiven, himmlischen Backkunst den Reiz an dem exklusiven Präsent. Mehr als 1500 Förmchen, unzählige Teigrollen und Farben, Stempel und feine Werkzeuge nutzt die lebensfrohe Inhaberin, um ihre Kunden zu beglücken. Egal, ob zu Weihnachten, Silvester, Geburtstag, Taufe, Hochzeit oder Babyshower, jeder Wunsch ist für sie eine Herzensaufgabe. Egal, ob in Form eines Glücksklee-Blattes mit kleinem Schweinchen in Einzelverpackung zu Silvester, als Gastgeschenk in Form einer Blume zur Hochzeit, als rosa oder hellblaues Signal auf einer Babyshower-Party oder als essbarer Gutschein für eine Kreuzfahrt, jeder Keks ist einzigartig, persönlich und so kunstvoll gestaltet, dass man ihn einrahmen möchte.

Über ihr unerschöpfliches Engagement berichteten bereits Fachzeitschriften und das Fernsehen. Über Instagram werden Kunden aus ganz Deutschland und weit darüber hinaus auf sie aufmerksam. Eine aufwendige, handgemalte Auftragsarbeit ging nach Argentinien, mehrere köstliche Kunstwerke wurden in die USA versandt.

Nicht nur die Bestellung wird bei Sandra Jaspert zu einem individuellen Erlebnis. Viele Kunden ziehen der Lieferung per Post eine Abholung in der Backstube vor. Weil die Bäckerin auch eine leidenschaftliche Gastgeberin ist, lädt sie Kunden gern auf eine Tasse Kaffee in ihre moderne Landhausküche ein – mit nostalgischem Charme und einem Ambiente, das man nie wieder verlassen möchte. Hier kommt es zu intensiven Gesprächen und aus der Glückskeksbestellung werden Begegnungen, die lange nachhallen.

● Himmlische Bäckerei Gebäckmanufaktur, Eufingerstraße 32,
65597 Hünfelden-Dauborn, Tel. (01 73) 3 05 22 46
www.himmlische-baeckerei.com

Den Kopf frei paddeln

35

Eine paradiesische Kanutour auf der Lahn

Limburg ist ein bisschen wie Köln, es gibt einen Dom, einen Fluss und viel Klüngel. Aber eine schäl Sick (rheinisch für falsche Seite) hat die Lahn nicht. Im Gegenteil, der idyllische Fluss ist von allen Seiten wunderschön. Es entspannt, am Fluss entlangzuwandern oder eine Radtour zu unternehmen. Während einer Kanutour lässt sich die Region aus einer anderen Perspektive erleben.

Für eine Kurztour – und für Anfänger – bietet sich die 10 Kilometer lange Strecke von Runkel nach Limburg an. Bevor „Die kurze Auszeit" losgeht, wählt man zwischen Kanadier und Kajak sein Boot. Die erste Variante wird mit einem Stechpaddel gesteuert, ist recht kippsicher und bietet Platz für Gepäck. Das Kajak wird mit einem Doppelpaddel gefahren. Es ist wendiger, aber auch etwas kippanfälliger.

TIPP

Meerfeeling bringt die Flusstour mit einem Besuch im Cargo Beachclub.

Wer ein paar Minuten später einsteigt und sich vom Ufer abstößt, wird schnell eins mit seinem Boot. Auf der ruhigen Lahn paddelt man los und kann schon mal versehentlich auf Grund laufen. Mit Erstaunen stellt man beruhigt fest, wie niedrig und ungefährlich das kleine Abenteuer ist. Nun entfaltet die charmante, schleusenfreie Strecke ihren ganzen Reiz. Von Runkel aus gleitet man mit der Strömung an Blaukelchen und Eisvögeln, Schilf und Seerosen vorbei. Etwas später taucht das Dehrner Schloss hoch über der Lahn auf. Weiter geht die Fahrt bis nach Dietkirchen. Schon von Weitem ist die imposante Basilika aus dem Jahr 841 auf einem Felshügel zu bestaunen. Wenig später erreicht man entspannt das Ziel, die Anlegestation in Limburg.

Wer mehr Paddelspaß erleben möchte, findet bei Lahntours vielfältige Möglichkeiten. Zwischen Roth bei Marburg und Lahnstein werden diverse Kurz- oder Tagestouren angeboten. Hilfreich bei der Auswahl ist eine ehrliche Selbsteinschätzung: Wie viel Kanu-Erfahrung habe ich? Will ich mich auspowern oder die Natur entspannt vom Wasser aus genießen? Die Tagestouren sind zwischen 15 und 28 Kilometer lang und führen durch Wehre, Schleusen und Schiffstunnel.

Lahntours, Lahntalstraße 45, 35096 Roth an der Lahn, Tel. (0 64 26) 92 80-0
www.lahntours.de

Musikalisches Sommerglück

36 Die illustren Weilburger Schlosskonzerte

Weilburg bietet mit seinem prächtigen Schloss, den mediterran anmutenden Orangerien, dem herrschaftlichen Lustgarten, der beeindruckenden Schlosskirche sowie dem Marktplatz, Marstall und Kanzleigebäude den perfekten Rahmen für das hochkarätige Programm der Weilburger Schlosskonzerte. Geboten werden musikalische Werke aller Epochen, von klassischen Konzerten über Jazzsessions bis zu Kabarettveranstaltungen mit Musik sowie Aufführungen für Kinder, von der Matinee über die Nachmittagsveranstaltung bis zum Nachtkonzert bei Kerzenschein.

Seit 1972 hat sich das ambitionierte Programm zu einer Erfolgsgeschichte entwickelt. Vor Ort beeindruckten international bekannte Künstler wie David Garrett mit seiner Violine und Martin Stadtfeld am Klavier. Vocalensembles wie die Kings Singers und Kabarettisten wie Andreas Rebers begeistern mittlerweile jedes Jahr mehr als 30.000 Gäste. hr2-kultur überträgt einige Konzerte europaweit. Das hr-Sinfonieorchester sowie die hr-Bigband sind im Renaissancehof ebenfalls regelmäßig zu hören.

Pro Saison bieten etwa 50 Veranstaltungen Kunst- und Kulturinteressierten jeden Alters die Gelegenheit, große Orchester, kleinere Ensembles, bekannte Musiker und Nachwuchskünstler zu entdecken. Jedes Jahr im Juni und Juli verwandeln sich der Renaissancehof, die Schlosskirche, die Oberen und Unteren Orangerien sowie die Alte Hofstube in akustisch und optisch beeindruckende Konzertsäle. Finden Aufführungen im Renaissancehof statt, gibt es neben den garantierten Platzkarten häufig wetterabhängige Zusatzkarten. Sowie feststeht, dass ein Konzert unter freiem Himmel gespielt wird, werden 400 Schönwetterkarten an der Abendkasse und online angeboten. Eine tolle Gelegenheit für Kurzentschlossene, um spontan ein kulturelles Highlight zu erleben. Auch die Zeit vor und nach dem Konzert lässt sich in der einzigartigen Atmosphäre des Weilburger Schlosses köstlich gestalten. Eine „kulinarische Ouvertüre" kann gemeinsam mit den Konzertkarten vorbestellt werden.

- Weilburger Schlosskonzerte e. V., Schlossstraße 3, 35781 Weilburg an der Lahn
www.weilburger-schlosskonzerte.de
- ÖPNV: RE 25, RB 45, Bahnhof Weilburg (10 Minuten Fußweg)

Handy
ausgeschaltet?

Zum Glück gibt's den Wald

37 Den Blick schärfen mit grow happy Bad Camberg

Wer einen Workshop bei Lisa Semmler bucht, begibt sich auf eine besondere Reise. Die Expertin für Gesundheitsförderung und Persönlichkeitsentwicklung, Mental- und Naturcoach lädt die Teilnehmenden ein, sich selbst und den Wald neu zu entdecken. Als einen Ort, der Kraft gibt und neue Impulse bringt.
In ihrer ruhigen, feinsinnigen Art lenkt sie den Blick in jeder Jahreszeit auf die Besonderheiten der Umgebung, sensibilisiert für die Schönheit des Augenblicks und das natürliche Umfeld. Entspannt leitet sie Übungen zur Aktivierung und zum Entspannen, zum Entdecken und Nachspüren an. Ein gemeinsamer Ausflug in die Wälder von Bad Camberg bietet die Chance, Glücksmomente zu erleben und eigene Herzenswünsche neu zu entdecken.
Waldbaden gilt in Japan als medizinische Heilmethode und wird auch bei uns immer genauer erforscht. Der Aufenthalt im Wald hat viele positive Auswirkungen. Er wirkt wie eine Aromatherapie, denn beim Einatmen von Waldluft werden Terpene aufgenommen. Diese aktivieren das Immunsystem und fördern die Gesundheit. Die Schlafqualität verbessert sich. Die Konzentration wird erhöht, der Blutdruck gesenkt. Schritt für Schritt erholt sich die Psyche. Das Wohlbefinden steigt beim bewussten Blick auf die Farbenpracht der Natur. Beim Waldbaden geht es nicht darum, eine möglichst große Strecke zurückzulegen, sondern in die Atmosphäre des Waldes einzutauchen und innerlich ruhig zu werden. Mit gezielten Atem- und Achtsamkeitsübungen, Qigong, Natur- und Kraftritualen gelingt das perfekt.
Weil Lisa Semmler Erfahrung in den Bereichen Gesundheitsförderung und Prävention, Naturcoaching, Entspannungstraining und Stressmanagement hat, kann sie auf die individuellen Befindlichkeiten und Wünsche der Teilnehmenden eingehen und gestaltet jeden Kurs individuell. Außerdem bietet sie neben den klassischen Waldbaden-Einheiten in der Gruppe auch Einzelkurse und Specials wie den Jahreskreiskurs „Waldbaden zu jeder Jahreszeit" an. Abgerundet wird jeder Kurs mit einem Inspirationsgeschenk für weiterführende Rituale.

● grow happy, Bahnhofstraße 15, 65520 Bad Camberg, Tel. (01 57) 50 13 64 85
www.grow-happy.de
● ÖPNV: RE 20, Bahnhof Bad Camberg, dann Bus LM-32, Haltestelle Hohenfeldstraße/Kliniken (25 Minuten Fußweg)

Mixed feelings

38 Der Cocktailkurs im Georgs in Limburg

Seit mehr als 20 Jahren bietet das Georgs eine angenehme Genuss-Atmosphäre. In chilligem Ambiente nimmt man zwischen großer Bar, Kamin und Klavier in einem der hellen Lodge-Stühle zum Essen, Trinken und Verweilen Platz.

Oder bucht einen Cocktailkurs. Ebenfalls seit über zwei Jahrzehnten gehört die Cocktailschule zum Repertoire des Restaurants. In kleinen Gruppen wird an der Bar unterhaltsam etwas Theorie zu den Cocktails vermittelt und dann munter drauflosgemixt. Im Kurs erfahren die Mixwilligen, dass es vier Arten der Cocktailzubereitung gibt. Eine klassische gerührte Variante ist der Negroni. Schwungvoll entsteht die zweite Version, ein geschüttelter Drink. Der trendige „Touch down" wird aus Wodka, Pfirsich- und Kokoslikör mit Zitronensaft, Passionsfrucht, Orangensaft und Granatapfelsirup gemischt und mit Schwung ins Glas gegossen. Direkt im Gästeglas entstehen Cocktails wie der Dauerliebling „Caipirinha". Neben dem Geheimnis der perfekten Mischung erfährt man, wodurch Minze ihr ganzes Aroma entfaltet. Wie man einen perfekten Zuckerrand ums Glas macht und wie die effektvollste Reihenfolge der Zutaten ist. Die vierte Cocktailvariation sind frozen cocktails wie Daiquiris und Margaritas.

Als Aperitif gibt es die Eigenkreation des Cocktail-Chefs, Ismail Ukan. „Ismails Sunshine" wird aus Aperol, Malibu, Mangosirup, frischem Zitronen- und Orangensaft gemischt, mit Schaumwein aufgefüllt und mit einer Garnitur versehen. Fertig ist der süffige Genuss. Weitere Rezepte werden gemeinsam ausprobiert. Jeder hat die Möglichkeit, den eigenen Lieblingscocktail aus diversen Spirituosen, frischem Obst, Sirup, Soda und Säften zu mixen. Während die Getränke verkostet werden, erfährt man Amüsantes zu den fantasievollen Cocktailnamen wie Singapore Sling und Moscow Mule.

Neben diesen Kursen findet zweimal im Jahr eine Cocktailparty mit mehreren Barkeepern und DJ auf der Dachterrasse der Eventlocation statt. Wer außer den coolen Getränken ein paar heiße Kochtipps haben möchte, bucht einen Kochkurs.

- Georgs LIMBURG, Hospitalstraße 4, 65549 Limburg an der Lahn, Tel. (0 64 31) 2 60 27, www.georgs-limburg.de
- ÖPNV: Diverse Busse, Haltestelle ZOB Limburg

Nichts sehen, viel erleben

39

Das Dunkelkaufhaus in Wetzlar

Das Dunkelkaufhaus ist kein klassisches Kaufhaus. Hier kann man nichts kaufen, erweitert aber gerade deswegen die eigene Sicht auf viele Dinge. Hören, Fühlen, Riechen und Schmecken bekommen in völliger Dunkelheit eine neue Intensität.

Unter dem Motto „Wie Sie sehen, sehen Sie nichts!“ begleiten Blinde ihre Gäste etwa eine Stunde durch ein fiktives Kaufhaus. Zunächst gehen alle Besucher durch eine Lichtschleuse. In völliger Dunkelheit passiert ein Rollentausch. Der Blinde hat als Einziger die Orientierung. Die Besucher sind irritiert und hangeln sich vorsichtig an der Wand entlang, bedacht darauf, der Stimme des Begleiters zu folgen.

Zuerst geht es um das „Hören“. Schnell stellt sich heraus, wie schwierig Alltagsgeräusche zuzuordnen sind, wenn die Bilder fehlen. Das Fegen einer Straße hört sich für manchen an wie das Schleifen eines Tisches. Das Öffnen eines Reißverschlusses kann schon mal mit dem Summen einer Biene verwechselt werden.

Nun wird der Geruchssinn auf die Probe gestellt. Wenn Form und Farbe nicht zu sehen sind, scheinen selbst Gewürze wie Zimt kaum zu erkennen zu sein. Die nächste Aufgabe erfordert „Geschicklichkeit“. Beim Versuch, den eigenen Namen in Buchstaben zu legen, kommen die Teilnehmer ins Schwitzen. Zum Abschluss geht es ins Dunkelcafé. Hier steht der Geschmackssinn im Vordergrund. In völliger Dunkelheit schmeckt eine Cola plötzlich gar nicht mehr so einzigartig wie vorher angenommen. Einige haben ihr Zeitgefühl verloren.

Fragen wie „Woher wissen Blinde, welchen Geldschein sie in der Hand haben?“, „Wie prüfen Sie, ob Ihre Kleidung farblich zusammenpasst?“ werden vom blinden Gästebegleiter geduldig beantwortet.

Im Dunkelkaufhaus vermitteln Blinde sehenden Menschen, was man wahrnimmt, wenn es plötzlich dunkel ist. Um den Eindruck zu intensivieren, gibt es neben den Führungen zahlreiche Events. An jedem ersten Sonntag im Monat findet eine Tour inklusive Kaffee und Kuchen statt. An einigen Sonntagen gibt es Frühstück.

TIPP

Zusätzlich werden Craft-Bier-, Schokoladen- und Whisky-Tastings im Dunkeln angeboten.

- Dunkelkaufhaus, Karl-Kellner-Ring 48–50, 35576 Wetzlar, Tel. (0 64 41) 2 09 15 29
  www.dunkelkaufhaus.de
- ÖPNV: Diverse Busse, Haltestelle ZOB Wetzlar

Dunkelkaufhaus
Was ist das Duknlekuafhuas?
Wnen eeinr uesnrer wchtgiisten Snnie, das Sheen, asuällft, dann srchäfen scih die aeandern Snnie. Enie Stdnue eeblern, wie es wräe, wenn man nhcit sheen knan. Dgnie adnres eberlen als ssnot. Hanfertdigketien, die im Lhcit eifeanch von der Hnad geehn, mehcan uns in Dunhieknelt zu Mneschen, die eacinfh Dgine neu ernelern messün. Bildne Mbüritger fehrün Sie drcuh Veräumskuafe des Kaushuafes adnerer Art. Sie eberlen Gänetrke im Dlunken zu sich zu nenehmn und zu beazhlen. Wehor weiß der binlde Mbüitrger entligeich, wchlee Mnzüe er jetzt in der Hnad hlät?
Mher Sheen Erbelen – im Otpikcarpours.
Nchtis Sheen und tortzedm viel Erbelen – im Duknlekuafhuas.
(Gmäeß eneir Sduite eneir ehsngelicn Uänitvseirt ist es nciht whticig, in whelcer Rgefihneole die Btuachsben in eenim Wrot sheetn. Das Eiignze, was whcitig ist, ist dsas der etsre Btuachsbe und der lzette Btuachsbe an der rgeitchin Piootsin snid. Das ist so, wiel wir nhcit jeedn Btuachsben ezinlen Iseen, sodnren das Wrot als Gaeestms.)
Auflösung im Dunkelkaufhaus

Pack die Badehose ein

40 Der Seeweiher in Mengerskirchen

Nur eine kurze Autofahrt von Limburg entfernt kann man beim Schwimmen im See und beim Entspannen am Ufer die Zeit vergessen und mit den Füßen im Sand und einem Drink in der Hand in Urlaubsstimmung kommen. Der älteste Stausee Hessens ist mit seinem neu angelegten Sandstrand ideal für eine Auszeit vom Tag, von der Woche oder vom gewohnten Leben.

Betritt man die großzügige Grünanlage mit freier Sicht auf den umwaldeten See, werden beim Anblick der strohgedeckten Beachbar, der bunten Strandkabinen und des feinen Sandes sofort Urlaubsgefühle geweckt. Wer Meerweh hat, ist hier richtig. Wer sich in einen der stylischen Strandkörbe kuschelt und von hier auf das Wasser oder in den strahlend blauen Himmel blickt, will nie wieder aufstehen. Auch vom Liegestuhl aus lassen sich entspannt die Schwimmer und Stand-up-Paddler beobachten. Der bis zu 4 Meter tiefe Seeweiher bietet mit seinen 11,2 Hektar Platz für alle. An den 75 Meter langen und 25 Meter breiten Sandstrand schließt sich eine große Liegewiese an. Im Wasser ist ein Nichtschwimmerbereich abgegrenzt. Mitten im See wurde eine Schwimmplattform installiert. Große Teile des Ufergebietes außerhalb des Wäller Camps stehen unter Naturschutz und bieten ein malerisches Panorama. In den Feuchtwiesen und Uferrandbereichen leben Rotmilane, Wasserfledermäuse und Moorfrösche. Bei einem Kaffee, einem Softgetränk oder einem trendigen Kukki kann man die Atmosphäre besonders gut genießen. Der tiefgefrorene Cocktail wird vor den Augen der Gäste in einem speziellen, illuminierten Behälter zubereitet. Wer vom Beobachten und Genießen nicht nur Durst, sondern auch Hunger bekommt, kann am Imbiss eine deftige Kleinigkeit ordern oder ein Softeis genießen. Für den größeren Hunger gibt es ein chilliges Bistro. Auf einem Rundweg lässt sich der See außerdem umwandern. Für alle, die etwas mehr Zeit hier verbringen möchten, bietet das Wäller Camp einen großzügigen, neu angelegten Campingplatz sowie Glamping-Zelte im Safari-Style.

Die Beachbar ist bei Badewetter von 10 bis 22 Uhr geöffnet. Nach 17 Uhr entfällt der Eintritt.

● Seeweiher, Wäller Camp, Am Seeweiher 1, 35794 Mengerskirchen
www.waeller-camp.de

Magische Schrift

41 Kreativ werden im Atelier Liv Matthiesen

Was gibt es Schöneres als eine handgeschriebene Postkarte im Briefkasten? Beim Anblick einer so persönlichen Botschaft sind wir schon vor dem Lesen froh. Schließlich hat jemand an uns gedacht, sich die Mühe gemacht, seine Gedanken zu notieren und per Post an uns zu senden. Individuelle Nachrichten sind ein doppeltes Glück. Der Verfasser konzentriert sich beim Überlegen und Schreiben der Worte völlig auf diese Arbeit. Der Empfänger ist von der Geste nachhaltig und intensiv beglückt. Wie schön wäre es, wenn das Verfassen handschriftlicher Texte nicht nur zu besonderen Anlässen passiert, sondern zu einem entspannenden Hobby wird?

Die Designerin Liv Matthiesen gibt seit 2018 Lettering- und Aquarellkurse in ihrem Atelier in der Limburger Altstadt. Ihre Workshops für Anfänger und Fortgeschrittene beginnen mit einem kurzen Theorieteil. In der Entwurfsphase werden die Wunschthemen abgesteckt, die Vorbereitungen besprochen und eventuell eine grobe Skizze angefertigt. Schnell geht es mit praktischen Übungen weiter. Nach einigen Schwungübungen entstehen im Letteringkurs die vielen schönen Buchstaben, erste Monogramme, Namenskärtchen oder sogar kurze Sprüche. Im Aquarellkurs kommen neben Brushpens auch Pinsel und Farben zum Einsatz. Von der Idee über den Entwurf bis zum fertigen Aquarellmotiv werden Wörter und illustrierende Elemente kombiniert.

Am Ende jedes Kurses sind großartige Ergebnisse entstanden. Diese nimmt man neben einem Starterset inklusive Übungsbüchlein und unzähliger Inspirationen stolz mit nach Hause. Perfekt, um den eigenen Stil weiterzuentwickeln.

Neben Atelierkursen finden Events in Restaurants und Cafés in der Region statt. Für einen Junggesellinnenabschied oder Mädelsabend werden individuelle Kurse angeboten. Liv Matthiesen hat für zahlreiche Firmen aus der Region Illustrationen und Logos mit hohem Wiedererkennungseffekt geschaffen. Ihr Design ist klar und warmherzig zugleich. Wer will davon nicht profitieren?

TIPP

Im Atelier gibt es Postkarten, Poster und weitere Designartikel der Künstlerin.

● Atelier Ute & Liv, Barfüßer Straße 7, 65549 Limburg an der Lahn
www.livmatthiesen.com
● ÖPNV: Diverse Busse, Haltestelle ZOB Limburg

Zu Hause ankommen

42 Das feine Konrads Hotel in Limburg

Wer den Einrichtungsstil der Franzosen mag, das feine englische Interieur reizvoll findet und skandinavisches Design genießt, wird das Konrads lieben. Das kleine Boutique-Hotel verführt mit seiner Eleganz und einer inspirierenden Portion Großstadtflair die unterschiedlichsten Menschen zum Ankommen, Wohlfühlen und Bleiben.

In einer historischen Villa aus dem 19. Jahrhundert eröffnete am Rande der Altstadt 2019 dieses ganz besondere Bed-&-Breakfast-Hotel. Die Architektin Angelika Seip und ihr Mann Volker Beck ließen das Haus aufwendig und liebevoll restaurieren. So entstand ein zurückhaltendes, stilvolles Gästehaus, das schon im Eingangsbereich mit edlem Design verzaubert. Fünf individuelle Zimmer laden mit hochwertiger Einrichtung, zurückhaltenden Farben und feinen Akzenten zum Entspannen ein.

TIPP

Die Eismanufaktur ist direkt unterhalb des Konrads zu finden.

Als Zuhause auf Zeit bietet das Konrads in jedem Zimmer ein hochwertiges Boxspringbett, eine kleine Pantryküche, einen Schreibplatz und eine gemütliche Leseecke mit wunderbarem Ausblick. Das Frühstück wird jeden Morgen im feinen Aufenthaltsraum frisch serviert. In der Trustbar finden sich 24/7 Eistee und Wein, Bier und Wasser, Kaffee und Kakao sowie kleine Snacks und einige Coffee-table-Bücher. Das Ambiente wurde von der Illustratorin Liv Matthiesen mit charmanten Motiven fabelhaft individualisiert. Vor der Villa finden sich chillige Möbel für eine kleine, unkomplizierte Pause. Der wohlige Rückzugsort begeistert Kurzzeitnutzer und Langzeitreisende so sehr, dass viele immer wieder anreisen.

Dazu trägt auch die perfekte Lage direkt an der Lahn bei. Hier lässt sich entspannt joggen, Rad und Kanu fahren. Die Altstadt mit Dom, Cafés und Restaurants, Boutiquen und individuellen Läden ist nur 100 Meter entfernt. Ebenfalls in unmittelbarer Nähe findet sich die Lahnbrücke mit einem traumhaften Blick auf den Dom. Dahinter liegt der Cargo Beachclub. Hier kann man im Sommer einen Drink genießen, während die Füße im Sand baden, und im Winter in einem Meer aus tausend Lichtern träumen.

- Konrads Gästehaus, Konrad-Kurzbold-Straße 4, 65549 Limburg an der Lahn, Tel. (0 64 31) 2 11 97 79, www.konrads-limburg.de
- ÖPNV: Diverse Busse, Haltestelle ZOB Limburg

KONRADS

43 Die beeindruckende Limburger Stadtführung

Wer an Limburg denkt, hat den Dom und die Fachwerkhäuser der Altstadt vor Augen. Auch hinter den malerischen Fassaden verbergen sich erstaunliche Geschichten. In besonderen Themenführungen werden Menschen wie Konrad Kurzbold, Ritter Hattstein und der Schinderhannes lebendig.

Dem imposanten Ritter sagt man nach, dass er ein Fässchen mit 160 Litern stemmen konnte und den darin befindlichen Rotwein, den Runkler Roden, trank, während das Fass auf seinen Schultern verweilte. Ihm ist der „Säuferbrunnen“ auf der Plötze gewidmet.

Der berühmte Schinderhannes war 1802 im heutigen Werner-Senger-Haus inhaftiert. Der meistgesuchte Verbrecher seiner Zeit versuchte einer Gefängnisstrafe zu entgehen, indem er sich unter falschem Namen als freiwilliger Soldat meldete. Er wurde verraten, in der Limburger Altstadt eingesperrt und später nach Mainz zum Prozess gebracht.

Ein erfolgreicheres Ende fand eine andere Begebenheit. Die sogenannte Limburger List. Hier spielten ein ausgeweideter Esel und ein Katapult wichtige Rollen. Wer mehr zu diesen und weiteren Anekdoten der Limburger Geschichte erfahren möchte, nimmt an der Führung „Sagenhaftes Limburg“ teil. Sie ist eine von mehreren speziellen Stadtführungen, die im Sommer angeboten werden.

Eine doppelt genussvolle Alternative bietet die kulinarische Stadtführung. Bei allen Touren geht es gemeinsam durch die engen Gassen, die früher die wichtigste Verbindung zwischen Köln und Frankfurt waren. Man könnte sie als die A3 des Mittelalters bezeichnen. Der spektakuläre Anblick des siebentürmigen Limburger Doms ist ein besonderes Highlight, in dem sich unter anderem das Grab von Konrad Kurzbold befindet.

Eindrucksvoll sind auch die Nachtwächterführungen, die ganzjährig stattfinden. Zu später Stunde werden hier neben der Stadtgeschichte die früheren Lebensbedingungen auf unterhaltsame und eindrucksvolle Weise erläutert.

● Offene Themenführungen Limburg, Tourist Information, Barfüßerstraße 6, 65549 Limburg an der Lahn, Tel. (0 64 31) 61 66, www.touristinfo-limburg.de
● ÖPNV: Diverse Busse, Haltestelle ZOB Limburg

44 Der Schmetterlingsgarten in Bendorf-Sayn

Mitten im Schlosspark von Sayn zwischen alten Baumriesen, einem idyllischen Teich und ruhigen Bächen liegt der Garten der Schmetterlinge.

Was von außen wie zwei große Gewächshäuser aussieht, ist von innen ein tropisches Paradies. Zwischen Bananen, Palmen und Hibiskus flaniert man fasziniert und sachte durch die zauberhafte Anlage. In dem besonderen Klima gibt es auf jedem Quadratmeter unendlich viel zu entdecken. Umflattert von unzähligen Schmetterlingen kreuzen Zwergwachteln mit hummelgroßen Küken, paarungswillige Schildkröten, bunte tropische Finken und ein Leguan die liebevoll angelegten Wege. Elegante Brücken lenken den Blick auf feine Details. Kleine Sitzecken laden zum Verweilen an plätschernden Wasserfällen ein. Überall, auf Blättern und Blüten, an Futterstellen und in der Luft schwirren farbenprächtige Falter aus Südamerika, Afrika und Asien auf der Suche nach Nektar.

Imposant ist der etwa 30 Zentimeter große Atlas-Spinner aus China, der fast bewegungslos im Tagschlaf verharrt. Quirliger sind die meisten anderen Arten. Und der blaue Morpho aus Brasilien leuchtet schon von Weitem. Jedes Jahr zum Ende der Saison ist er verantwortlich für das „Blaue Wunder von Sayn". Denn in dieser Zeit bevölkert eine Fülle von blauen Morphos den ganzen Garten. Im „Raupenhaus" lassen sich die winzigen Eier von Schmetterlingen, gefräßige Raupen und geschickt verborgene Puppen bestaunen.

1987 gründeten Fürst Alexander und Fürstin Gabriela zu Sayn-Wittgenstein-Sayn diesen einzigartigen Garten. Das heimatverbundene Paar liebt die Natur und gestaltete die Anlage mit dem Ziel, einen attraktiven Anziehungspunkt für Jung und Alt zu schaffen. Die Initiative der siebenfachen Mutter und engagierten UN-Dekade-Partnerin war von Anfang an sehr erfolgreich. Wer sich für die Geschichte des Fürstenhauses interessiert, findet direkt gegenüber im wunderschönen Schloss ein modernes Museum. Die tropische Zauberwelt ist von etwa Mitte März bis Mitte November täglich geöffnet. Es gibt Kombitickets für Garten und Museum.

- Garten der Schmetterlinge, Schloßstraße 100, 56170 Bendorf, Tel. (02 62 21) 54 78 www.sayn.de
- ÖPNV: RB 23, RE 25, Hauptbahnhof Koblenz, dann Bus 8, Haltestelle Schloss Sayn

Nicht auf(s) Eis legen

45 Zu Besuch im Eissportzentrum Diez

1980 eröffnete die Eissporthalle in Diez. Mit ihren 1300 Sitzplätzen und 2500 Stehplätzen gehört sie bis heute zu den fünf größten Hallen in Deutschland. Mit einer Länge von 60 und einer Breite von 30 Metern entspricht die Eisfläche internationalen Richtwerten. Der Eiskunstlaufverein Diez (ERC) und die Eissportgemeinschaft Diez/Limburg (EGDL) haben hier ihr Trainingslager. Alle Heimspiele der Oberliga Nord werden in der Halle ausgetragen. Veranstaltungen wie die Eislaufrevue, das Rockmärchen Tabaluga, Oldie-Shows, Ballett auf dem Eis und unzählige Eiskunstlauf-Wettbewerbe fanden bereits in der 16 Meter hohen Halle statt.

Jedes Jahr von September bis zum darauffolgenden April ist in Diez Eissaison. Für alle, die Lust haben, vom Zuschauer zum Akteur zu werden, bieten sich die öffentlichen Laufzeiten an. Vor Ort können Schlittschuhe ausgeliehen werden. Wer eine Nummer größer als die eigene Schuhgröße wählt und ein paar dicke Socken anzieht, ist gut vorbereitet.

Schlittschuhe schnüren, über die Gummimatten zum Eingangstörchen marschieren und vorsichtig aufs Eis steigen. Nach ein paar Metern an der Bande wird man trittsicher, stößt sich vorsichtig ab und fährt die ersten Meter frei. Aus ein paar Metern wird schnell eine Runde. Mit der Geschwindigkeit steigt die Laune. Perfekt, wenn dazu Discomusik läuft – wie jeden Samstagabend bei der FUN-Night.

Für junge und ältere Interessierte, die sich nicht direkt aufs Eis trauen, bietet der ERC regelmäßig Anfänger- und Fortgeschrittenenkurse an. Zwischendurch kann man sich im Restaurant aufwärmen. „Zur Eiszappe“ erwartet Gäste mit Pommes, Hamburger und Co.

Seit August 2022 wird die Eishalle Diez von einer gemeinnützigen Genossenschaft als Eissportzentrum betrieben. Die vorherigen Eigentümer haben sich aus Altersgründen nach über 30 Jahren zurückgezogen. Neben Eishockeyspielen und Wettbewerben im Eiskunstlauf sollen Eisbügelmeisterschaften und Sommerevents zu Highlights jeder Saison werden. Einige Modernisierungen sind für die kommenden Jahre geplant.

- Eissportzentrum Diez eG, Am Hallenbad 4, 65582 Diez, Tel. (0 64 32) 6 22 31 www.eissportzentrum-diez.de
- ÖPNV: RB 29, Bahnhof Diez Ost (10 Minuten Fußweg)

KRAH ENDERS
1
CCM

Tierisch idyllisch

46

Auf dem Hof Schauferts in Schönborn

Wer Lust hat, den Kühen beim Grasen zuzusehen, die Hühner beim Picken zu beobachten und die Atmosphäre eines modernen, liebevoll geführten Bauernhofs zu erleben, sollte den Hof Schauferts in Schönborn besuchen.

Der Dreiseitenhof wird seit 1987 von den Familien Luzius und Scheib bewirtschaftet. 40 Milchkühe leben in einem Freilaufstall und im Sommer auf den umliegenden Wiesen. Die Milch wird von einer Molkerei abgeholt und kann außerdem von Privatkunden auf dem Hof selbst gezapft werden.

In zwei Hühnermobilen legen 400 glückliche Hennen fleißig Bio-Eier. Durch die fahrbaren Ställe haben die Tiere stets frisches Gras zum Scharren und Picken. Neben dem trendigen Luxusmobil verfügen die Hühner auf dem Hof Schauferts über eigene Bodyguards. Denn ein Leben unter freiem Himmel bedeutet leider auch, dass die Fressfeinde nicht lange auf sich warten lassen. Doch seitdem zwei Ziegen mit den Hennen zusammenleben, haben Fuchs und Habicht keine Lust mehr auf einen Besuch.

Rund um den Hof bewirtschaftet die Familie außerdem 120 Hektar Land. Dort geerntetes Getreide und die Kleegraswiesen dienen als Futter für die Tiere. Neben der Milchviehhaltung gibt es eine kleine Rindermast. Mehrmals jährlich wird frisch geschlachtetes Fleisch auf dem Hof verkauft. Ganzjährig erwartet der Eierautomat die Bio-Eier-Fans.

Seit 2003 wird in der eigenen Brauerei liebliches, feinherbes und kräftiges Bier gebraut. Je nach Durst lässt sich das Lieblingsgebräu in der Zwei-Liter-Bierkanne oder einem Fass erwerben. Für eine Verkostung bietet sich der Schankraum auf dem Hof an. Die familiengeführte, urige Gaststätte erwartet Besucher ganzjährig mit deftigen Speisen und hausgemachten Kuchen. Im Biergarten, auf der Terrasse und im Wintergarten kann man das Hofleben bei Schnitzel oder Steak, Gemüselasagne oder frischem Apfelkuchen beobachten. Wer den Hof Schaufert gut gestärkt verlässt, kann zum Abschied Hasen und Pferde streicheln oder dem Hofhund „Fuchs“ und den Hofkatzen „Auf Wiedersehen“ sagen.

● Hof-Schauferts, Hof-Schauferts 1, 56370 Schönborn, Tel. (01 77) 4 49 11 98
www.schauferts.de

23410
23412
23413

Ewiges Glück

47 Staunen in Lilos Glückssteinladen

Edelsteine faszinieren durch Geschichte und Schönheit. Der Anblick von goldbraun schimmerndem Bernstein, samtweiß leuchtenden Perlen, orangerot strahlenden Korallen, tiefrotem Rubin, zartblauem Aquamarin und tiefgrünem Smaragd fasziniert Kleinkinder wie Erwachsene. Der wässrig-weiße Bergkristall entfaltet ein unglaubliches Farbspektrum in der Sonne.

Kein Stein gleicht dem anderen. Geschliffene Edelsteine reflektieren das Licht in besonderer Weise. Einer der wertvollsten Edelsteine ist der Diamant. Schliff, Gewicht, Farbe und Reinheit bestimmen seinen Preis. Wird er durch einen Brillantschliff bearbeitet, bezeichnet man ihn als Brillanten.

Die gelernte Diamantgutachterin und Edelsteinfachberaterin Lilo Brinkmann führt ihren Edelsteinladen in Limburgs Altstadt seit mehr als 55 Jahren. Nach ayurvedischen Lehren und den Beobachtungen von Hildegard von Bingen berät sie ihre Kunden zur besonderen Kraft der Steine und deren Möglichkeiten, gute Energien freizusetzen. Den kleinen Laden besuchen die unterschiedlichsten Menschen. Der eine kommt mit einem konkreten Leiden, der nächste möchte ausgependelt werden. Und ein Dritter wüsste gern, welcher Stein zu seinem Geburtsdatum passt. Lilo weiß Rat. Gegen Prüfungsangst, Verdauungsbeschwerden und auch zur Stärkung der angeborenen Eigenschaften scheint ein Stein zu existieren. Der Amethyst hilft gegen Kopfschmerz, der Rosenquarz reinigt die Luft, der Lapis schafft Abhilfe bei Erkältung. Bei Liebeskummer soll ein Turmalin Wunder wirken. Neben einer ausführlichen Beratung gibt es Lebensweisheiten gratis. Unzählige zwischenmenschliche Erlebnisse haben Lilos Blick geschärft.

TIPP

Auspendeln und persönliche Glücks-Halskette erwerben.

Man kann die Energie der Steine als esoterischen Schnickschnack abtun, man kann die Kraft des Schmucks auf die Farbwirkung reduzieren und sich ohne Attitüde an der Schönheit und dem Facettenreichtum eines eigenen Glückssteins erfreuen. Die Verzauberung geschieht völlig unabhängig von eigenen Vermutungen.

- Lilos Laden, Fleischgasse 10, 65549 Limburg an der Lahn, Tel. (0 64 31) 2 23 44 www.lilosladen-limburg.de
- ÖPNV: Diverse Busse, Haltestelle ZOB Limburg

Mich laust ein Affe

48 Die kunterbunte Scheuergalerie in Bad Camberg

Bad Camberg ist eine Kurstadt mit einem kleinen, aber feinen Stadtzentrum. In der Altstadt reihen sich wunderschöne, gepflegte Fachwerkhäuser aneinander. Vorbei an kleinen Läden und Cafés bummelt man über Kopfsteinpflaster verzückt bis zum Marktplatz und blickt plötzlich einem Dinosaurier in die Augen.

Direkt neben dem großen Platz mit dem eigenwilligen Brunnen hat Günther Strutzik eine fantastische Welt geschaffen. Am Eingang der Scheuergalerie kann man ein Einhorn streicheln, einem Brontosaurus ohne Angst fest in die Augen sehen oder freundliche Gorillas und springende Delphine in liebevoller Eintracht bewundern. Mehrere Tausend Figuren entführen mitten in der Altstadt von Bad Camberg in graue Vorzeiten und die unterschiedlichsten Fantasywelten. Ob Manga-fan, Schlumpfliebhaber oder Elfenfreund, für alle erfüllt sich hier ein sagenhafter Traum.

2011 begann der Maler neben seinen Bildern, die sich mit all diesen Welten auseinandersetzen, seine liebsten Sammelobjekte auszustellen. Alles fing mit einem 1,50 Meter hohen Orang-Utan an. Mittlerweile verteilen sich die Figuren im Haupthaus, dem Ladengeschäft, in mehreren Scheunen, einer ehemaligen Stallung sowie dem kompletten Außenbereich. Hinter jeder Tür verbirgt sich eine neue Welt. Und fast alle Objekte werden verkauft. Hier finden Kunstliebhaber ihre Nana im Niki-de-Saint-Phalle-Design oder einen Pop-Art-Hund mit bunter Designbrille für den Vorgarten. Bunte Schafe stehen ordentlich in Reih und Glied, Erdmännchen blicken die Besucher drollig an. Die Objekte, von der wenige Zentimeter hohen Überraschungsei-Sammelfigur bis zum 2 Meter langen und 3 Meter hohen Dino, verführen zum Träumen und Kindsein, zum Anfassen und Mitnehmen.

Der Künstler selbst kann sich schwer auf eine Lieblingsfigur oder -welt festlegen. Nur den ersten Dino und den Orang-Utan, mit dem das Figurenkabinett begann, würde er niemals hergeben.

TIPP

Für den Kleingarten gibt es vom Gartenzwerg bis zum pinken Schaf eine reiche Auswahl.

- Scheuergalerie, Am Marktplatz, Bad Camberg, www.scheuergalerie.de
- ÖPNV: Bus LM-32, Haltestelle Bad Camberg Marktplatz

So geht Glück

49 Bei Glückscoach Petra Lahnstein in Wallmerod

Der Weg zum Glück startet am Schwimmbad in Hundsangen. Die Teilnehmer der kleinen Gruppe vorfreudiger Wanderer wählen aus einer Reihe unterschiedlichster Bildkarten ihre Lieblingsmotive. Wer möchte, erläutert seine Wahl. Dann geht es los in Richtung Wald. Auf einem schmalen Pfad kommt Urwaldfeeling auf.

Hinter dem kleinen Waldbach geht es bei einem Stopp um das Glück im Allgemeinen. Auf die Frage, was kurzfristig glücklich macht, finden sich zwischen Bäumen und Bachgeplätscher, Vogelgezwitscher und blauem Himmel sofort zahlreiche Beispiele. Wenn es um langfristiges Wohlempfinden und die eigene Resilienz geht, kommen die meisten ins Grübeln. Der Weitblick am Aussichtspunkt zwischen Hundsangen und Niederzeuzheim schafft Abstand zu den aufkommenden Gedanken und erlebten Situationen. Bevor die Glückssuchenden weitermarschieren, erhalten alle Stifte und Papier, zeichnen einen Kreis und beantworten spontan die Fragen: „Wie habe ich meine Energie im letzten Jahr eingesetzt? Wie viel Zeit habe ich mir für Arbeit, Familie und mich selbst genommen? Wie wohl fühle ich mich damit?“

Auf dem weiteren Weg wandern Körper und Geist im individuellen Tempo. Gedanken zu den eigenen Werten, der Beziehung zur Arbeit und Familie, Gesundheit und Leistung kommen auf. Die nächste Pause findet an einem kleinen Teich statt. Die idyllische Anlage zaubert allen ein Lächeln ins Gesicht. Die Gedanken kommen zur Ruhe. Das Tempo und die Stimmung verändern sich, befreit endet die Wanderung nach 3,5 Stunden am Ausgangspunkt mit einer Vorlage, um den Lebenskuchen für die nächsten 12 Monate zu visualisieren.

Petra Lahnstein ist zertifizierter Glückscoach. Als Buchautorin und freiberufliche Redakteurin hat sie diverse Veröffentlichungen zum Thema Glück verfasst. Von Mai bis September bietet sie Glückswanderungen im Westerwald und an der Lahn an. Zu Themen wie Resilienz und Selbstwirksamkeit finden in loser Folge Glücksseminare und Workshops statt. Einzel-Outdoor-Coachings an Wunschorten sind individuell buchbar.

● Petra Lahnstein, Am Eichberg 4, 56414 Molsberg, Tel. (0 64 35) 4 08 81 77
www.so-geht-glueck.de

VAUDE

Gesungene Entspannung

50 Singen mit Nadja Jamiro in Netzbach

Wer gern unter der Dusche und zur Musik aus dem Autoradio singt, sollte einen Workshop bei der Gesangslehrerin und Spezialistin für Atmung, Nadja Jamiro, ausprobieren. In Workshops und Einzelkursen vermittelt sie Anfängern und Profis die befreiende Wirkung der eigenen Stimme.

In einer Schnupperstunde nimmt die ausgebildete Lied- und Oratoriensängerin allen SchülerInnen in wenigen Sekunden jede Hemmung, die eigene Stimme zu nutzen. Während sie am Klavier ein paar Töne anstimmt, werden beiläufig ein paar Silben gemeinsam intoniert.

Für Nadja Jamiro ist der Gesang eine selbstverständliche Ausdrucksform, deren Einsatz aus vielen Gründen glücklich macht. Bereits nach einer Stunde mit ihr kann man diese Haltung nachvollziehen. Zunächst wird die richtige Atemtechnik vermittelt. Je tiefer der Atem, desto tiefer die Entspannung. Für Ungeübte ist das bewusste Atmen, das Weiten des Brustkorbs und das Loslassen im Nacken nicht immer einfach. Je nach Lerntyp nutzt die zertifizierte CVT-Lehrerin bildhafte oder logische Erläuterungen. Manchmal unterstützt ein Balanceboard AnfängerInnen. Ist der Atemraum dann groß, der untere Rücken und Nacken weich, werden Parasympathikus und Vagusnerv aktiviert. Das Gehirn schaltet von Beta auf Alpha. Bewusste und unbewusste Gehirnfunktionen verbinden sich, alles wird leichter. Die Vibration der Stimmbänder, die beim Singen automatisch entsteht, unterstützt zusätzlich. Aus ersten Tönen werden kraftvolle Klänge. Ein Flow entsteht und animiert dazu, mit geradem Rücken und gestrecktem Nacken, tiefer Atmung und entspannten Kieferknochen weiterzusingen. Nicht nur im Auto oder unter der Dusche.

Das Angebot ist für Anfänger ebenso geeignet wie für alle, die ihre Freude am Gesang wiederentdecken möchten. Als Gesangspädagogin bietet Nadja Jamiro auch den offenen Workshop „Heilsames Singen“ im Tonstudio Limburg an. Anfänger singen neben Profis traditionelle Lieder aus der ganzen Welt. Menschen, die ihre dunklen Tage heller machen möchten, sind jederzeit willkommen.

● Nadja Jamiro, Mühlgasse 2, 65623 Netzbach, Tel. (0 64 30) 2 49 99 78
www. nadjajamiro.de

It's hot in the city

51 Erholung pur in der Emser Therme, Bad Ems

Auf 6600 Quadratmetern lockt die Emser Therme mit einer besonderen Kombination aus Thermenlandschaft und Saunapark zur Entspannung auf höchstem Niveau. Das einzigartige Highlight der Anlage ist der großzügige Outdoorbereich direkt auf der Lahn. Hier finden sich eine hochtemperierte Aufguss-Sauna und eine moderat erwärmte Klangsauna. Auch die Panoramabar mit Relaxsesseln und chilliger Terrasse direkt über der Lahn ist sehenswert. Überall bietet sich ein intensiver Ausblick auf den Fluss, das Lahntal, den Malberg und die gegenüberliegende Insel Silberau.

Egal, ob in der Sauna, der Bar oder auf der Liegewiese, der Anblick des rauschenden Wassers entspannt. Im Park stehen innen und außen weitere Saunen in unterschiedlichen Temperaturen, mit wechselnden Aromen und Farbspielen zur Verfügung. Aufgüsse mit Aromaölen werden in Kombination mit kühlem Obst angeboten. Die Kaminlounge und die Ruheoase im Hauptgebäude laden zwischen den Gängen zum Relaxen ein. An der Saunabar stehen gesunde Säfte und kleine Snacks bereit. Hier kann man seinen eigenen Buttermilchshake oder frisch gepressten Saft, einen Wunschsalat oder Quark- und Joghurtspeisen zusammenstellen. Alles wird frisch zubereitet.

In der Thermenlandschaft warten ein großes Thermalbecken, ein Sprudelbecken, ein Bewegungsbecken sowie Heiß- und Kaltbecken, Sportbecken und Außenbad auf sportliche Schwimmer und ruhige Genießer. Wellnessanwendungen wie die Salzinhalation mit dem berühmten Emser Salz, das Sidroga-Kräuterdampfbad, ein Regenfeld und die großzügige Liegewiese bieten für jeden Wellnessfan den perfekten Ruheplatz. Ein Spabereich mit Wellnessanwendungen vom Wasserschwebebett bis zur Hamam-Zeremonie ergänzt das Rundumsorglos-Angebot ebenso wie das Restaurant Halberts mit seiner regionalen Wellnessküche. Besonders beliebt sind die Spezialangebote wie Mitternachtssauna und romantische Candle-Light-Night.

TIPP

Das Thermenhotel mit Sky Lounge und Bademantelgang macht aus dem Tagesbesuch ein Wellness-Wochenende.

● Emser Therme GmbH, Viktoriaallee 25, 56130 Bad Ems, www.emser-therme.de
● ÖPNV: RB 23, RE 25, Hauptbahnhof Bad Ems

Emser Therme

Heimatliebe schmeckt!

52 Den Limburger Säcker mit allen Sinnen entdecken

Im Mittelalter haben die Limburger den Spitznamen „Säcker" erhalten. Damals verlief die wichtige Handelsroute Köln–Frankfurt durch Limburg. In der Altstadt, an der Ecke zwischen „Kleine Rütsche" und „Fahrgasse", war die engste Stelle der gesamten Strecke. Um dort die Durchfahrt zu sichern, mussten zu breit beladene Wagen umgehend abgeladen werden. Limburger Sackträger lagerten die Waren um oder über Nacht in den umliegenden Hallenhäusern ein. Noch heute lässt sich die engste Stelle des Handelsweges bestaunen. Als „Limburger Säcker" bezeichnet man nach wie vor gern alle aus der Altstadt stammenden Einheimischen. Als Edel-Säcker die, deren Eltern ebenfalls dort aufgewachsen sind.

Unweit von diesem historischen Punkt entfernt gibt es mehrere Möglichkeiten, regionale Speisen, die dieser besonderen Tatsache gewidmet sind, zu genießen.

Wer einen „Limburger Säcker" im Café Will in der Salzgasse bestellt, bekommt ein ausgezeichnetes Gebäck serviert. Das feine Mürbeteigküchlein mit Tiroler Äpfeln und Butterstreuseln sowie einer geheimen Zutat wird nach traditionellem Familienrezept aus dem 18. Jahrhundert mittlerweile in der fünften Generation hergestellt. Perfekt, wenn man einen Tisch im Außenbereich ergattert und die umliegenden Häuser und das Treiben in den Gassen beim Verzehr entspannt auf sich wirken lassen kann.

Schlendert man durch die schmale Gasse, laden individuelle Läden zum Stöbern ein. Am Kornmarkt mit seinen windschiefen historischen Häusern lohnt ein Blick nach links, hoch in die Kolpingstraße, zur figurreichen Fassade des Kunstbäckers Hensler. Geradeaus geht es dann vorbei am schmuckreichen Fare Tredeci mit historischem Briefkasten in die Barfüßerstraße, bis auf der rechten Seite nach 50 Metern das Restaurant „Schwarzer Adler" auftaucht. In rustikalem Ambiente kann man hier den „Limburger Edelsäcker" probieren. Das deftige Gericht kombiniert Schweinerücken mit Dörrfleisch, Sauerkraut und Gurke sowie Bratkartoffeln. Guten Appetit!

- Café Will, Salzgasse 23, 65549 Limburg an der Lahn, Tel. (0 64 31) 69 70 www.cafe-will.de
- Gasthaus Schwarzer Adler, Barfüßerstraße 14, 65549 Limburg an der Lahn, Tel. (0 64 31) 63 87, www.schwarzeradlerlimburg.de
- ÖPNV: Diverse Busse, Haltestelle ZOB Limburg

Erzähl mir was

53 Unterwegs mit der digitalen Stadtführung

Wer durch Limburgs Altstadt schlendert, kann einiges entdecken. Wenn der Blick vom Kopfsteinpflaster über die Verkaufsläden nach oben wandert, überrascht so manche Fassade durch die symbolhafte Gestaltung, wie beim Haus der sieben Laster. Oder durch den windschiefen Stand, wie bei einigen Häusern auf der Plötze oder dem Bischofsplatz.

Je länger man durch die engen Gässchen wandert, desto mehr Fragen kommen auf. Wer hat hier gelebt und gewirkt? Wie kam die Stadt zu ihrem Namen? Wo ist die Burg Limburg abgeblieben? Faszinierende Antworten auf diese und viele weitere Fragen erzählt das digitale Angebot „Hör mal Limburg“ an neun Hörstationen.

Wer in der Altstadt unterwegs ist und ein Smartphone besitzt, kann jederzeit per QR-Code den kleinen Geschichten lauschen. Es gibt jeweils eine Version für Kinder und eine für Erwachsene. Die Episoden werden ausschließlich vor Ort übertragen. So will die Stadt Bewohner und Besucher dazu animieren, Limburg und die Lahn zu Fuß kennenzulernen.

Wer die Altstadt-Legenden über tapfere Helden, Wissenswertes aus der Architektur, vermeintliche Wunder und andere Einzigartigkeiten entdecken will, kann dies digital im eigenen Tempo tun.

Alle entstandenen Hörstationen sind während eines Stadtbummels gemütlich zu erreichen. Die Erzählungen sind auf den jeweiligen Standort abgestimmt. Die exakten Positionen kann man online einsehen oder einfach vor Ort nach Hinweisschildern suchen. Entlang der Domstraße und auf dem Domplatz, am Fischmarkt, oberhalb und unterhalb der Rütsche sowie auf dem Kornmarkt wurden die schwarz-roten Hinweisschilder mit dem jeweiligen QR-Code in Augenhöhe an Laternen befestigt. Sie erzählen die Geschichte des Walderdorffer Hofs, des Werner-Senger-Hauses, des Wirkens von Konrad Kurzbold, des Heilwassers Bad Limburgs sowie die Bedeutung des Spitznamens Limburger Säcker. Erläutert werden außerdem Details zum Dom, Domberg, Schloss und dem Bischofssitz.

● Digitale Stadtführung Limburg, Tourist Information, Barfüßerstraße 6, 65549 Limburg an der Lahn, Tel. (0 64 31) 61 66, www.hoermal-limburg.de
● ÖPNV: Diverse Busse, Haltestelle ZOB Limburg

WERNERSENGERHAUS

Sichtbar werden

54

Mit Katharina Müller Fotografie in Eschhofen

Unter dem Motto „Warte nicht auf den perfekten Moment, nimm den Augenblick und mache ihn perfekt" lädt Katharina Müller seit 2014 zum Fotoshooting nach Eschhofen ein. Egal, ob man einen besonderen Anlass für die Ewigkeit festhalten möchte oder ob man spontan den Wunsch nach einem Porträt spürt, die Inhaberin fotografiert alle Kunden mit viel Empathie und feinem Gespür für den Moment.

Unabhängig davon, ob man allein, zu zweit oder als Großfamilie eine individuelle Erinnerung schaffen möchte, werden in einem telefonischen Vorgespräch die persönlichen Wünsche besprochen und Kleidungstipps gegeben. Einfarbige Kleidung, in der man sich wohlfühlt, lässt Raum für die Person. Humor empfindet die gelernte Fotografin als das wichtigste „Kleidungsstück" für jedes Shooting. Beim Termin vor Ort verblüfft das helle, großzügige Ambiente des 200 Quadratmeter großen Studios. Am runden Tisch werden bei Kaffee und Kaltgetränken Details besprochen. Beim Rundgang im weitläufigen Atelier finden sich zehn unterschiedliche Farb- und Themenwelten. Zwischen Boho- und rustikalem Style, Tageslichtambiente und zeitlosem Hintergrund, zwischen Schaukelstuhl und Chaiselongue findet jeder seinen persönlichen Wohlfühlort.

TIPP
Die stylische Fotobox für besondere Anlässe mieten.

Wer sich bereit zur Aufnahme fühlt, wird von Katharina Müller ebenso entspannt wie professionell in Szene gesetzt. Einige Tage nach dem Shooting stehen 50 bis 60 Dateien zur Auswahl. Die Favoriten werden optimiert und je nach Wunsch in einem wunderschönen Fotopaket zugesandt oder vor Ort abgeholt. Wer „Ja" sagt zu sympathischen, authentischen Bildern, wer den Wunsch hat, sich zu zeigen oder einen besonderen Moment für die Zukunft festzuhalten, ist hier richtig.

Ein Profistyling kann hinzugebucht werden. Neben den ganzjährig verfügbaren Studioterminen bietet Katharina Müller Fotografie mit ihren sechs MitarbeiterInnen auch Aufnahmen an einzigartigen Outdoorlocations an.

- Fotografie Katharina Müller, Bahnhofstraße 41 a, 65552 Limburg-Eschhofen, Tel. (0 64 31) 9 09 06 12, www.fotografie-km.de
- ÖPNV: RE 21, RE 45, Bahnhof Limburg-Eschhofen

Wandervoll

55 Beeindruckender Skulpturenpark Reckenthal

Gerade mal 20 Kilometer von Limburg entfernt werden Wanderer von grünen Wiesen und Fernblick, Till Eulenspiegel, Waldgeist und Eichhörnchenbaum erwartet.

Im Montabaurer Stadtteil Wirzenborn beginnt der Skulpturenweg Reckenthal. Schon am Startpunkt, direkt neben dem Parkplatz, findet sich die erste Skulptur „Du, ich, wir" sowie eine Streckentafel. Zunächst geht es ein Stück bergauf, vorbei an einem üppig dekorierten Fachwerkhaus mit unzähligen Schiefertafeln, die mit Sinnsprüchen zum Schmunzeln und Nachdenken einladen. Weiter führt der Weg in Richtung Reckenthal. Zwischen Wiesen und Wäldern lassen sich die unterschiedlichsten Holzskulpturen entdecken. Die beeindruckenden Kunstarbeiten mit Namen wie „Das Leben" und „Grenzenlos?" laden mit ihren inspirierenden Gedanken zum intensiven Betrachten ein. Die Skulptur „Horizontale Rhythmik" ist eine Mitmach-Skulptur. Wer will, kann Platz nehmen und ein wenig meditieren oder einfach den Ausblick sitzend genießen. Erinnerungen an die eigene Kindheit weckt die Schnitzarbeit „Till Eulenspiegel". Jeder kennt die Geschichten vom cleveren Narren, der um 1500 herum die Menschen mit seinen listigen Streichen beeindruckt hat.

An der darauffolgenden Skulptur muss der Wanderer entscheiden, ob er den kleinen Rundweg von etwa 7 Kilometern oder die große 10-Kilometer-Tour beschreiten möchte. Insgesamt befinden sich 44 Skulpturen von unterschiedlichen Künstlern auf der Strecke. Wer die kleine Runde dreht, gelangt direkt nach Reckenthal, wo eine charmante Kapelle eine Extraportion Entspannung bietet. Wer sich für die große Runde entscheidet, wandert in einer Schleife über Bladernheim nach Reckenthal. Für alle verläuft die Tour von hier aus wieder einheitlich über Waldwege oberhalb des Gelbbachs und zauberhafte Holzbrücken. Vorbei an tierischen, bunten und verspiegelten Kunstwerken bis zum letzten Stopp, der Figur Nummer 42 „Realitätsverlust".

An mehreren Stationen befinden sich Flyer mit ausführlichen Beschreibungen der gesamten Strecke und der einzelnen Figuren.

● Skulpturenweg Reckenthal, Wanderparkplatz Wirzenborn, L313 Gelbachstraße, 56410 Montabaur-Wirzenborn

Ganz große Oper

56 Voller Musikgenuss im Cineplex von Limburg

Wer im Kino Platz nimmt, erlebt jeden Film hautnah. Weihnachtsfilme wirken von der ersten Sekunde an magisch, Liebesfilme rühren zu Tränen, Actionfilme kommen so gewaltig rüber, dass man immer wieder zusammenzuckt. Für dieses Empfinden sorgen neben den großartigen Filmen die riesigen Leinwände und die Soundsysteme moderner Kinos. Seitdem in Limburg 1999 das Cineplex eröffnet hat, werden in acht Kinosälen große Gefühle vermittelt. Im größten Kino finden 324 Cineasten Platz. Hier ist die Leinwand 90 Quadratmeter groß. In einigen Sälen werden Filme im HFR- und 3-D-Format gezeigt. In allen Kinos kommt ein Soundsystem mit acht Tonkanälen zum Einsatz. Das ist bei Formaten wie den MET-Übertragungen besonders effektvoll. 2007 wurde die erste Aufführung aus der New Yorker Metropolitan Opera in deutsche und österreichische Kinosäle übertragen. Heute bieten mehr als 220 Kinos die zehn Live-Übertragungen pro Saison.

Auch das Limburger Cineplex bietet Klassikfans und solchen, die es noch werden wollen, diesen Genuss. Jede Live-Übertragung startet mit einem Glas Sekt. Über einen roten Teppich geht es in einen exklusiven Bereich. Viele Besucher kleiden sich für diese Vorstellungen besonders chic. Auf der Leinwand wird neben der kompletten Oper einiges aus dem Back-Stage-Bereich gezeigt. Man sieht die illustren Gäste in New York Platz nehmen und erlebt die Stars des Abends in Interviews hautnah. Obwohl die Übertragungen häufig mehr als 3 Stunden dauern, ist das Erlebnis kurzweilig und spannend. Die einzigartigen Bühnenbilder, die Präsenz der Künstler und das Gesamtarrangement beflügeln. In der Pause gibt es kleine Häppchen.

Neben diesem Eventprogramm bietet das Cineplex ein Arthouse-Angebot. Jeden Dienstag werden Buchverfilmungen und prämierte Filme gezeigt, die nicht auf Action, sondern auf feinsinnige Momente setzen. Auch die Reihe „Ladys First“ ist beliebt. Komödien und Liebesfilme werden mit einem Glas Sekt, einem Magazin und einer Rose kombiniert. Nach und vor jedem Film bietet sich ein Abstecher in Rick's Café Americain an.

- Cineplex Limburg, Dr.-Wolff-Straße 1 a, 65549 Limburg an der Lahn, Tel. (0 64 31) 2 81 11-28, www.cineplex.de
- ÖPNV: Diverse Busse, Haltestelle ZOB Limburg

12345
CINEPLEX
EIFFEL
IN LOVE
MARTIN BOURBOULON
SPIDER-MAN
No Way Home
NUR IM KINO
HEUTE
GUCCI
Rick's

Donut-Kapitän

57 Zum Reinsetzen gut: die BBQ-Donuts in Limburg

Entlang der Lahn lässt sich flanieren, joggen und Rad fahren. Auf der Lahn begegnet man Enten und Schwänen, Kanufahrern und Donuts! Die überdimensionalen, orangefarbenen Ringe sind motorbetrieben und bieten Platz für bis zu neun Personen. Vor Ort nimmt jeder auf der Bank Platz. Um die funktionale Tisch- und Grillfläche herum sitzen alle bequem, inklusive Rundumblick auf Wasser, Dom und Ufer. Das Stoffdach schützt vor Sonne und Wind. Der Außenmotor ist einfach zu bedienen und schnurrt nach kurzer Einweisung vor sich hin. Während das Boot ohne eigene Muskelkraft gemächlich vorantreibt, lässt sich die Lahn entspannt genießen. Links und rechts staunen Menschen und Tiere über den ungewöhnlichen Anblick. Und auf dem Boot steigt die Stimmung. Vom runden Geburtstag über den Kegelclubausflug bis zum Jungesellinnen-Abschied wird der Donut gern als originelles Event gebucht. Mit den dazu buchbaren All-inklusive-Angeboten bleibt kein Wunsch offen. Vom Schlemmerfrühstück inklusive Sekt über die Grillparty mit Steaks, Salaten, Kohle und Getränken bis zum Arrangement „Aperol-Spritz-Welle“ gehen die Inhaber auf alle Wünsche ihrer Gäste ein.

Seit 2008 betreibt die Familie Czwik das Unternehmen wasserFEST. Mittlerweile sind von April bis Oktober sieben Donuts permanent im Einsatz. Geöffnet ist in der Saison täglich ab 12 Uhr. Es sei denn, das Wetter ist zu schlecht. Wer Lust auf eine Tour mit Freunden oder Familie hat, kann direkt online sein Event buchen.

Damit aus der BBQ-Donut-Reise ein einmaliges Erlebnis wird, müssen nicht immer viele Personen zusammenkommen. Manchmal genügen schon zwei. Wie an dem Tag, als ein junger Mann einen Donut komplett mit Rosen schmückte und seiner Freundin im orangefarbenen Festboot einen Heiratsantrag machte.

Neben den Donuts können ohne Voranmeldung Tretboote ausgeliehen werden. Schon eine halbe Stunde behagliches Vor-sich-hin-Cruisen lässt nostalgische Gefühle aufleben und bleibt garantiert lange in Erinnerung.

- BBQ-Donuts, WasserFEST, Eschhöfer Weg, Schiffsanleger/Bootsverleih, 65549 Limburg an der Lahn, Tel. (01 76) 63 30 10 33, www.wasserfest.de
- ÖPNV: Diverse Busse, Haltestelle ZOB Limburg (10 Minuten Fußweg)

WASSERFEST
FLIESSEND FESTE FEIERN
www.wasserfest.biz 01804-227366
Ihr Partner für außergewöhnliche

Märchenhafte Einblicke

58

Zu Besuch auf Schloss Braunfels

Die Altstadt von Braunfels ist malerisch. Vom kopfsteinbepflasterten Marktplatz führt ein Gässchen zum Schloss. Spätestens, wenn man durch das Tor geht und die Stufen der Reitertreppe erklimmt, werden vergangene Jahrhunderte lebendig.

Wer sich per QR-Code auf eine begleitete Zeitreise begibt, erfährt Details. Auf dem Marktplatz und am Kleppertor finden sich die ersten Stationen. Wer die Codes scannt, hört Interessantes zur ehemaligen Burgmannensiedlung, zu Prinzessin Ebba und der bösen Herberge.

Das märchenhafte Schloss ist seit mehr als 800 Jahren im Familienbesitz. Als „hessisches Neuschwanstein" wurde es für zahlreiche Kino- und Fernsehfilme zur traumhaften Kulisse.

In Themenführungen wird die Vergangenheit für alle greifbar. Die Touren starten im imposanten Innenhof und führen direkt zum Rittersaal. Zwischen Schlag-, Stich- und Feuerwaffen sowie Rüstungen für Krieger und Pferde lässt uns das Mittelalter erschaudern. Unglaublich, dass dieser Saal mit seiner eher martialischen Ausstattung ein Geburtstagsgeschenk von Fürst Ferdinand an seine Gattin Ottilie war. Auch die vornehmsten Räume des Schlosses, die Gesellschaftsräume, mit unzähligen Gemälden, Gobelins, Skulpturen und Mobiliar des 15. bis 19. Jahrhunderts sind zu sehen. Auf den Familienporträts finden sich Adelige, die weit über ihre Lebenszeit hinaus Einfluss genommen haben. Wie die 1602 in Braunfels geborene Amalie von Solms. Sie hat mit ihrer Heiratspolitik den europaweiten Einfluss der Familie über Generationen gesichert. In der Deikergalerie zeigen Gemälde mythologische Naturszenen. Das „Hirschrudel im Schnee" von Johannes Deiker ist einen intensiven Blick wert. Bei diesem Werk wurde das mittlere Tier mit dem Mona-Lisa-Effekt ausgestattet. Egal, von wo man es betrachtet, man fühlt sich beobachtet. Wer gerne wüsste, warum Prinzessin Luise immer ein Halstuch trug und was es mit dem legendenumwobenen Ring der heiligen Elisabeth von Thüringen auf sich hat, wird auch dies bei einer unterhaltsamen Führung erfahren.

TIPP

Zum Abschluss in die Konditorei Vogel einkehren.

- Schloss Braunfels, In den Anlagen 4, 35619 Braunfels, www.schloss-braunfels.de
- ÖPNV: RB 45, Lahntal-Bahnhof Leun/Braunfels, dann Bus 185, Haltestelle Braunfels Busbahnhof (10 Minuten Fußweg)

Eine Bühne für die Kunst

59

Programmvielfalt im Thing in Limburg

Wer sich für Kabarett, Rock, Jazz oder Chansons, Liedermacher oder Lesungen begeistert, wird das Programm des Thing lieben. Hier wird eine spannende Auswahl an Kleinkunst geboten, die ohne großen technischen Rahmen und aufwendige Bühnenbilder auskommt.
Wer im Thing ein Konzert live erlebt, spürt die Harmonie der Band auf der Bühne und nimmt die Musik mit allen Sinnen wahr. Wer vor Ort einem Kabarettisten bei seinen Gedankengängen folgt, kann in die Versuchung kommen, eine Diskussion zu beginnen. Hier kann man aus vollem Hals lachen und dabei dem Künstler auf der Bühne zunicken. „Mittendrin statt nur dabei" gehört zum Programm.
Die Clubebene der Limburger Stadthalle schafft eine intime Atmosphäre, die seit mehr als 40 Jahren von Fans aus der Region und weit darüber hinaus geschätzt wird. Vor der halbrunden Bühne finden 200 Personen an Bistrotischen bequem Platz. 25 weitere können an Stehtischen den Künstlern zuhören und -sehen. Das abwechslungsreiche Programm des Vereins bietet bekannten und bisher unbekannten Künstlern eine Bühne. Bei mehreren Veranstaltungen pro Monat finden sich neben Prominenten wie Jule Neigel oder Christoph Maria Herbst auch echte Insidertipps. Um diesen jungen Künstlern neue Möglichkeiten zu bieten, gibt es seit einigen Jahren das Konzept „Kunst gegen Bares". Unter diesem Motto können neue Gesichter ihr Können präsentieren. Die Zuschauer spenden dafür die Summe, die ihnen der Abend wert ist. Einmal jährlich findet außerdem ein Poetry Slam statt.
Der ungewöhnliche Name „Thing" ist nordgermanisch und bedeutet Versammlungsstätte. Seit 1979 stellen die kunstliebenden Mitglieder anspruchsvolle Spielpläne zusammen. Das wissen neben den Besuchern auch die Künstler zu schätzen. Klaus Lage und die Barrelhouse Jazzband gehören zu den Musikern, die bereits im Gründungsjahr für Unterhaltung sorgten und es bis heute tun.
Wer einen entspannten Abend mit beschwingten Momenten, interessanten Gedanken oder stimmungsvollen Klängen in einer fast privaten Atmosphäre genießen möchte, ist hier ganzjährig richtig.

- Kleinkunstbühne THING e. V., Hospitalstraße 4, 65549 Limburg an der Lahn
  www.thing-ev.de
- ÖPNV: Diverse Busse, Haltestelle ZOB Limburg

Die Gesundheit fest im Blick

60 Die Hubertus Apotheke in Limburg

Mitten in der Innenstadt lädt die helle, geradlinig gestaltete Hubertus Apotheke zum gesundheitsfördernden Beratungsgespräch ein.
Egal, ob man Magen- oder Kopfschmerzen hat, ein Rezept einlösen möchte oder eine Hautpflege sucht, hier wird man intensiv informiert. Neben Arzneimitteln für die aktuelle Problematik gibt es Empfehlungen für dauerhafte Lösungen. Neben gängigen Medikamenten werden alternative Heilmittel empfohlen.
In der Familie Wuth finden sich seit neun Generationen leidenschaftliche Apotheker. Das Stammhaus in Diez existiert seit 400 Jahren. In Limburg werden neueste wissenschaftliche Erkenntnisse mit traditionellen Lehren wie der Spagyrik und Kräuterkunde kombiniert. Schließlich gehört die Pflanzenheilkunde zu den ältesten medizinischen Therapien weltweit. Jedem Kraut lässt sich eine Wirkweise und eine Botschaft zuordnen. So soll Schachtelhalm helfen, die Struktur im Leben zu finden, während Zitronenmelisse gegen Zukunftsängste hilft. Das feine Teesortiment der Hubertus Apotheke bietet ganzjährig Urlaub für die Seele. Frische Fenchelsamen verströmen schon beim Öffnen der Verpackung einen feinen Geruch und helfen bei Magenproblemen ähnlich gut wie die goldgelb-weißen Kamillenblüten. Bitterstoffe wie Schafgarbe bringen Körper und Geist in Einklang. Rotklee ist gut gegen Wechseljahresbeschwerden. Perfekt für gute Laune sind Ringelblume, Johanniskraut, Melisse, Malve, Baldrian und Weißdorn. Rosmarin wirkt anregend, deshalb sollte man diesen Tee nur am Tag trinken. Zahlreiche wohltuende Bio-Teemischungen sind stets vorrätig. Ideal, um nicht das ganze Jahr über den gleichen Tee zu trinken, sondern kurweise zu wechseln. Im Winter empfiehlt Familie Wuth einen Aufguss aus getrockneten Kräutern nach der Drei-Finger-Methode. Was zwischen drei Finger passt, gibt man in eine Tasse mit kochendem Wasser, wartet 10 Minuten, seiht ab und genießt.
Neben der Kräuterkunde hat die Hubertus Apotheke auch einiges zur Hautgesundheit zu bieten, damit sich Mitarbeiter und Kunden rundum wohlfühlen.

● Hubertus Apotheke, Werner-Senger-Straße 4, 65549 Limburg an der Lahn, Tel. (0 64 31) 36 66, www.hubertusapotheke.de
● ÖPNV: Diverse Busse, Haltestelle ZOB Limburg

HUBERTUS
VICHY
LA ROCHE
HUBERTUS APOTHEKE

Goldene Zeiten

61 Staunen im Rosenhang Museum in Weilburg

Im kleinen Städtchen Weilburg findet sich ein Museum, das mit Einrichtungen deutscher Großstädte locker konkurrieren kann. Seit 2017 bietet die Familie Legner/Helbig im Rosenhang Museum hochkarätigen Kunstgenuss. Über vier Stockwerke entstand in der ehemaligen Brauerei Helbig durch Eigeninitiative eine loftartige Bühne für faszinierende Gemälde, vielsagende Skulpturen und beeindruckende Installationen. Auf 3000 Quadratmetern Innen- und 1000 Quadratmetern Außenfläche finden sich Werke von international bekannten Künstlern wie Elvira Bach, Cornelia Schleime, Romero Britto und Jörg Immendorf. Vor dem goldenen Gebäude beeindruckt „Sieben Wirbel", ein riesiges Werk von Mikos Meininger. Vorlage für die je 2,2 Tonnen schweren Betongebilde war ein Walwirbel.

TIPP

Von den Führungen an jedem ersten Sonntag im Monat begeistern lassen.

Auch die Innenräume eröffnen neue Perspektiven und vielfältige Emotionen. Knallbunte Werke wie „Meine sieben Sachen" von Elvira Bach oder das komplett bemalte Sportauto des Künstlers Ma Jun lassen staunen. Großformatige und gleichzeitig zarte Arbeiten von Cornelia Schleime verzaubern mit ihrer speziellen, feinen Aura. Die tanzenden Bronzen von Helge Leiberg umkreist man, um die Gestik der Figuren aus allen Winkeln zu studieren.

Im Banksy ARTLab werden Arbeiten des bekanntesten unbekannten Künstlers der Welt dokumentiert. Die Repliken der Terrakottaarmee machen ehrfürchtig. Schließlich wurde der Fund der 8000 Krieger im Jahr 1974 als achtes Weltwunder bezeichnet.

Um nach so vielen Impulsen zur Ruhe zu kommen, bietet sich die Installation der Künstlerin SEO aus riesigen verspiegelten Glocken und meditativ wirkenden Klängen an.

Im Rosenhang Museum ist Kunst auch lustig. Das beweisen die Arbeiten von Otto Waalkes. Seine Interpretation von Marilyn Monroes berühmtem Foto im weißen Kleid heißt „Ostfriesischer Fön".

- Rosenhang Museum, Ahäuser Weg 8–10, 35781 Weilburg an der Lahn
www.rosenhangmuseum.de
- ÖPNV: RE 25, RB 45, Bahnhof Weilburg

Die Ruhe der Beständigkeit

62 Die St.-Lubentius-Basilika von Dietkirchen

Hoch über der Lahn thront die mittelalterliche St.-Lubentius-Basilika auf einem Kalkfelsen in Dietkirchen. Die Türme scheinen aus dem Felsen gewachsen und bis in den Himmel emporzusteigen. Nähert man sich den Kirchenmauern, atmet man mit jedem Schritt ein Stück Vergangenheit. Steigt man die Treppenstufen bis zur schweren, von Eisenbeschlägen verstärkten Kirchentür empor, gelangt man in einen schlichten, lichten Innenraum. Wer sich die Zeit nimmt, einen Moment auf einer Kirchenbank zu verweilen und die Atmosphäre aufzunehmen, merkt, wie der eigene Körper entspannt.

Verlässt man das Gebäude etwas später durch die Hintertür, steht man im grünen Kirchhof. Hier kann man auf einer Bank verweilen oder direkt an der Steinmauer den Weitblick genießen und dabei die Kanufahrer auf der Lahn beobachten. Unterhalb der Mauer befindet sich der Weinberg der Pfarrgemeinde. Beim Blick nach oben beeindruckt der Verbindungsgang zwischen den gleichermaßen imposanten wie grazilen Türmen in schwindelerregender Höhe. Um die Basilika herum führt ein Kreuzgewölbegang zur Michaels- und zur Dreifaltigkeitskapelle.

Die ruhestiftende, gepflegte Anlage ist der perfekte Ort für eine kleine Auszeit vom Alltag. Gleichzeitig lässt sich einiges zur Entstehung und Geschichte berichten. So errichtete man hier um 580 eine hölzerne Kapelle, die um 730 von einer steinernen Kirche abgelöst wurde. Die heutige Lubentiuskirche soll im Jahr 838 geweiht und bis ins 13. Jahrhundert erweitert worden sein. Die Grabstätte des heiligen Lubentius entstand 839. Im 10. und 11. Jahrhundert fanden Erweiterungen zur heute dreischiffigen Basilika statt.

Wer mehr zur Geschichte des Stifts, zum Epitaph des Ritters Philip Frei von Dern und dem Sarkophag des heiligen Lubentius im Nordturm, zum illustren Türklopfer an der Seitentür und der Legende zu Ritter Dietrich von Dern, dem Namensgeber des Dorfes Dietkirchen, wissen möchte, wendet sich ans Pfarrbüro St. Lubentius für eine individuelle Führung.

- St.-Lubentius-Basilika, Herrenberg 1, 65553 Limburg an der Lahn, Tel. (0 64 31) 714 98
- ÖPNV: Bus LM-41, Haltestelle Dietkirchen Römer

Pures Glück in der Tasse

63 Die Kaffeerösterei Fare Tredici in Limburg

In einem der schönsten Häuser Limburgs hat Nassim Schäfer 2016 ihren Lebenstraum verwirklicht. Nachdem sie viele Jahre eine Kaffeebar am Neumarkt führte, ließ sie sich zur Kaffeerösterin ausbilden und eröffnete das Fare Tredeci. Wörtlich übersetzt bedeutet der Ausspruch „eine dreizehn machen". Da die Dreizehn in der italienischen Lotterie eine Glückszahl ist, würde man die Redensart bei uns eher mit „Volltreffer" übersetzen.

Das üppig verzierte, denkmalgeschützte Jugendstilhaus beeindruckt mit Schönheit und Eleganz. Betritt man den Laden, erlebt man eine Explosion der Sinne. Der Duft von frisch geröstetem Kaffee, der Anblick des wunderschönen Kronleuchters und die nostalgische Anmutung des Verkaufsbereichs zaubern ein verzücktes Lächeln in jedes Gesicht.

TIPP

In Workshops gibt die Inhaberin ihr Wissen weiter.

Das Herzstück des Hauses ist Diedrich, der in den USA gebaute Röster. Verarbeitet werden vor Ort direkt gehandelte Arabica- und Robusta-Bohnen. Die Sorte Arabica wächst in extremen Höhenlagen, ist säurearm und trotzdem aromatisch. Kommen die Bohnen aus Guatemala, schmecken sie eher nussig, mexikanische ergeben eine schokoladige Note. Die Robusta-Pflanze ist unkomplizierter und kräftiger. Aus ihr entsteht der typische italienische Espresso mit der perfekten Crema.

In der gläsernen Manufaktur wird bei niedrigen Temperaturen langsam geröstet, damit wenig Säure und viel aromatischer Kaffeegenuss übrigbleiben. Angenehm milde Direct-Trade-Mischungen wie der Limburger Kaffee bestehen zu 100 Prozent aus Arabica-Bohnen. Erdig-malzige Mischungen, wie der Indien Monsooned Malabar, sind Raritäten. Nassim Schäfer wurde mehrfach mit Silber- und Goldmedaillen der Gilde ausgezeichnet. Der Feinschmecker hat die Rösterei zu einer der besten in Deutschland gekürt.

Im hinteren Teil des 110 Quadratmeter großen Lokals kann man auf grünen Samtsofas Platz nehmen und sich durch die vielfältige Kaffeewelt trinken. Dazu werden hausgemachte Focaccia, Waffeln und saisonal wechselnde Kuchen serviert.

- Fare Tredici – Limburger Kaffeerösterei, Barfüßerstraße 1–3, 65549 Limburg an der Lahn, www.f13caffe.de
- ÖPNV: Diverse Busse, Haltestelle ZOB Limburg

Bella Italia

64 Verweilen im Caffè Meloni in Limburg

1976 eröffneten Hildegard und Dante Meloni ihren Lebensmittelladen in Limburgs Altstadt. Mit einer kleinen Espressomaschine, Kaffee, Wurstwaren und Likören starteten sie am Kornmarkt. 1988 wurde daraus „La Bottega del Caffè Meloni", eine italienische Espresso-Bar mit Cornetto, Prosciutto di Parma, Spumante und Gelato. 2005 erweiterte die Familie den Laden, eine klassische Bar und Cocktails kamen dazu. Seit 2015 ergänzt ein eigener Weinkeller das Angebot. Feine italienische und Südtiroler Weine sowie französischer Champagner erwarten die Gäste im locker-gepflegten Ambiente.

Mittlerweile wird das „Meloni" von Walter und Nicole Meloni geführt. Die Inhaber und ihr Team sorgen vor und hinter der Bar mit italienischer Lässigkeit für entspannte Stimmung. Neben mildem Espresso und Milchkaffee, den der echte Italiener nie nach 12 Uhr mittags trinkt, gibt es hausgemachte Limonade, frische Tees und eine spritzige Auswahl an Cocktails. Vom italienischen Klassiker, wie dem Negroni, über zahlreiche alkoholfreie Varianten bis zum Lieblingsgin hat die Getränkekarte einiges zu bieten.

TIPP

Mehrmals im Jahr finden Events wie „Grill e vino" statt.

Die Speisekarte präsentiert feine italienische Spezialitäten, von Vitello Tonnato über Pasta alla Puntanesca bis zu Foccacce und eingelegtem Gemüse im Glas. Alles wird nach dem Motto „Fatto a Mano con Qualità e Passione"– Selbst gemacht mit Qualität und Leidenschaft – frisch zubereitet. Am Morgen ist das liebevoll auf einem Holzbrett arrangierte Frühstück der perfekte Start in den Tag. Rührei und Müsli, pochiertes Ei und Panini, Brioche und eine edle Käse- und Wurstauswahl lassen keine Wünsche offen. Am späten Abend ist die Käseplatte der Hit zu Wein und Longdrinks. Im Sommer sind die riesigen runden Tische vor der Tür heiß begehrt. Im Winter rücken die Gäste an der Theke und an den Holztischen zusammen.

Bei Meloni kann man genussreich in den Tag starten, am Mittag eine geschmackvolle Pause einlegen und den Abend bei einem Glas Wein ausklingen lassen. Vielleicht kommt man auch zwischendurch auf einen Espresso im Stehen vorbei – wie ein echter Italiener.

- Caffè Meloni, Kornmarkt 1, 65549 Limburg an der Lahn, Tel. (0 64 31) 2 28 77 www.caffemeloni.de
- ÖPNV: Diverse Busse, Haltestelle ZOB Limburg

It-Girls im 18. Jahrhundert?

65 Das herrschaftliche Schloss Weilburg

Hoch über der Lahn liegt das wunderschöne Schloss von Weilburg mit seinem herrschaftlich-barocken Garten, der Orangerie, einem imposanten Innenhof sowie der Stadt- und Schlosskirche. Adlige Wohnkultur und höfisches Leben werden in Themenführungen und Events erlebbar.

SchülerInnen der Heinrich-von-Gagern-Schule Weilburg stellen das „Leben im Schloss" nach. In historischen Kostümen stampft man in der Hofküche Butter und macht Sauerkraut ein. Im Obergeschoss geht es feiner zu. Hier diskutiert die Hofdame mit Fürstin Louise. Deren Tochter Henriette heiratete 1815 einen der begehrtesten und reichsten Junggesellen seiner Zeit, Erzherzog Karl von Österreich. Als sie mit ihm nach Wien zog, nahm sie die Tradition des Weihnachtsbaums mit und sorgte so dafür, dass dieser Brauch dort populär wurde.

Eine andere Möglichkeit, dem Treiben zu Hofe nachzuspüren, ist die Themenführung „Madame sein ist ein elendes Handwerk". Mittelpunkt dieser Tour ist das herzogliche Bad. Mit Humor werden die Gepflogenheiten des 18. Jahrhunderts beleuchtet, einer Zeit, in der die vornehme Gesellschaft Mehl gern zum Pudern anstatt zum Backen verwendete. Die vornehme Blässe wurde von Madame de Pompadour, dem It-Girl der damaligen Zeit, geprägt. Aufwendige Perücken beeindrucken, bis man die Perückeninnenseite sieht. In den jahrelang getragenen Modellen fanden Kopfläuse und Flöhe Platz. Um dem entgegenzuwirken, arbeitete man blut- und honiggetränkte Wattebäusche in Perücken ein, daran sollten die Tiere kleben bleiben.

Zum Schminken nutzten die Damen früher Kohle und bleihaltige Rezepturen. Dadurch alterten sie frühzeitig. Auf alten Porträts wurde selten gelächelt. Ein Grund dafür war fehlende Zahnhygiene. Weil faulende Zähne ein Gesundheitsrisiko waren, zog man sie, wenn sie schmerzten. Mit 40 Jahren hatte kaum noch jemand Zähne im Mund. Wenn diese und weitere Details, wie der Zusammenhang von Sauciere und Kommode mit dem stillen Örtchen, geklärt sind, fühlt man sich in den eigenen vier Wänden noch ein bisschen wohler.

● Staatliche Schlösser und Gärten, Außenstelle Weilburg, 35781 Weilburg an der Lahn, www.schloesser-hessen.de
● ÖPNV: RE 25, RB 45, Bahnhof Weilburg

Party in der Küche

66 Kochkurse im Hotel Zur Krone in Löhnberg

Das Hotel Zur Krone in Löhnberg ist für kreative Kochkunst bekannt. Das verwinkelte Fachwerkensemble mit zahlreichen Anbauten und Biergarten bietet in den rustikalen Gasträumen zu jeder Jahreszeit interessante kulinarische Kompositionen. Im Winter locken Feldsalat mit Caipirinha-Lachs und Limetten-Dip, Reh-Schnitzel mit Walnuss-Panade, Sherry-Rahmsoße und Spätzle Feinschmecker ebenso an wie auch der Klassiker „Unser Kronentopf" mit Schweinefilet, Schweinerücken, Roastbeef-Medaillons auf Marktgemüse, Bratkartoffeln, Spiegelei und Kräuterbutter.

Die hilfreichsten Tricks für das Gelingen guter Gerichte gibt das Küchenteam regelmäßig in Kochkursen weiter. Kurse wie „Bella Italia" oder „Ente gut, alles gut" laden zum Mitmachen ein. Auch ausgefallene Themen wie „Alte Gerichte neu interpretiert" oder „Hessische Tapas" sowie Grillkurse stehen immer wieder auf dem Programm. Alle Kurse finden in einem familiären, ungezwungenen Rahmen statt.

Um jede Gruppe intensiv zu betreuen, werden die Events bis zu einer Höchstteilnehmerzahl von zehn Personen durchgeführt. Nachdem sich alle Teilnehmer in der Küche bei einem Aperitif kennengelernt haben, erhalten sie eine Rezeptmappe und Schürze. Gemeinsam wird entschieden, wer in den kommenden Stunden welche Aufgaben übernimmt.

Steht „Fisch aus der Region" auf dem Kursplan, könnte gemeinsam eine Kokos-Curry-Schaumsuppe mit Streifen vom Flusszander, ein winterlicher Blattsalat mit Honig-Rosmarin-Vinaigrette mariniert und gebratenes Bachforellenfilet in Nussbutter sowie Lachsforelle auf Rote-Bete-Risotto in der Gruppe entstehen. Auch saisonale Themen wie „Spargel und Erdbeeren" bieten köstliche Möglichkeiten. Ein Spargel-Erdbeer-Salat, Cappuccino vom Spargel, Spargel-Risotto mit Lachsfilet oder Rumpsteak und als Nachttisch panierter Spargel mit Erdbeeren und Mascarpone-Nocke lassen sich wunderbar zu Hause nachkochen oder in der Saison vor Ort genießen.

● Hotel Zur Krone, Obertorstraße 1, 35792 Löhnberg, Tel. (0 64 71) 60 70
www.hotel-zurkrone.de

notel zur
kr one
F. DICK

Sehenswert anders

67 Shopping in der WERKStadt in Limburg

Wer an Limburg denkt, hat den Dom vor Augen und die malerische Altstadt mit ihren engen Gässchen. Die WERKStadt steht im Gegensatz dazu. Sie findet sich direkt am Limburger Bahnhof und besticht durch Großzügigkeit und Weite. Im denkmalgeschützten ehemaligen Ausbesserungswerk der Deutschen Bundesbahn entstand ein besonderes Einkaufszentrum.

Die gründerzeitlichen Industriehallen des 19. Jahrhunderts erinnern an den Charme historischer Markthallen. Die überdachten Passagen haben das Denkmal der Limburger Industriegeschichte zu neuem Leben erweckt. Unter dem Motto „Reparieren statt erneuern, bewahren statt vernichten" entstand innerhalb von 6 Jahren sukzessive das 26.000 Quadratmeter große Areal. Heute finden sich unter den 70 Geschäften nicht nur die gängigen Ketten, sondern einige Perlen. Wie die Gewürzmanufaktur Pfeffersack & Söhne, die mit ihrem Sortiment hochwertiger Kräuter und Gewürze sowie Rezeptideen zum Kochen animiert. Oder der Spielwarenhändler HABAKUK, dessen breites Sortiment Spiel- und Bastelideen für Kinder und Erwachsene bietet. Von trendigen Karten- und Partyspielen bis zu hochwertigen Holzspielen aus regionaler Fertigung. Sportlich ambitionierte Besucher wird die Jump-'n'-Fun-Arena begeistern.

TIPP
In der Weihnachtszeit erstrahlen die überdachten Passagen im Lichterglanz.

Neben Koch- und Spielideen ist das Kleiderhaus ViVa einen Besuch wert. Wer farbenfrohe, aber alltagstaugliche Looks sucht, wird in der loftartigen Boutique fündig. Alle, die vom Shoppen hungrig werden, finden im überdachten Steakhouse Black Cow ein tierisch gutes Menü. Zur Mittagszeit bietet das Restaurant einen feinen Mittagstisch mit und ohne Fleisch, aber immer frisch und lecker.

Die bunte Mischung der Märkte und Einkehrmöglichkeiten ist nicht nur bei schlechtem Wetter einen Besuch wert. Den Namen des Einkaufszentrums kreierte übrigens die Limburger Künstlerin Ute Wengenroth. Er steht für die Verbindung von Tradition und Innovation, von Geschichte und Gegenwart.

- WERKStadt Limburg, Bahnhofsplatz 2, 65549 Limburg an der Lahn
  www.werkstadt-limburg.de
- ÖPNV: Diverse Busse, Haltestelle ZOB Limburg

WERKStadt Limburg
WERKStadt Limburg
MEDIMAX
HABAKUK
ALDI
dm
CCC
biotop
OKAY
ESPRIT
Bio
Zahnarzt Praxis

Verborgene Welten entdecken

68 Abtauchen bei der Limburger Kellerführung

Limburgs Altstadt verzückt mit engen Gässchen und besonderen Läden, mit windschiefen Giebeln und kunstvollen Schnitzereien. Wie sehenswert es auch eine Etage tiefer ist, beweist die alljährliche Kellerführung des Verschönerungsvereins Limburg. 30 Häuser in der Altstadt, die vor dem Jahr 1500 gebaut wurden, verfügen über imposante Keller. Schon die Gewölbehöhen zwischen 2,40 und 5,5 Metern beeindrucken. In den Räumen wurden früher Stoffe, Pelze, Bücher und Essensvorräte wie Bier, Wein, Butter und Fisch gelagert. Steigt man heute über die ausgetretenen Stufen tief in einen dieser kargen Bauten hinab, fühlt man sich durch die Kälte und die gedämpfte Atmosphäre wie ein Zeitreisender. Die eigene Stimme klingt hier anders. Die dicken, dunklen Wände und die zur Beleuchtung notwendigen Kerzen und Taschenlampen verändern Stimmung und Wahrnehmung. Das Mittelalter scheint greifbar. Bilder aus Geschichtsbüchern und Dokumentarfilmen tauchen vor dem inneren Auge auf.

Jeder Keller ist einzigartig. Die Untergeschosse sind teilweise älter als die daraufstehenden Häuser. So kommt es, dass die Grundrisse nicht unbedingt mit denen der daraufstehenden Häuser identisch sind. Auf der Plötze ist das Weinhaus Schultes. Die älteste Gaststätte Limburgs verfügt über einen steilen Gewölbekeller mit einer ebenso steilen Treppe. Hier wird heute Wein in Fässern gelagert und in urigem Ambiente gefeiert. Außerdem wird ein Teil als Weintresor genutzt.

Der Römer 2-4-6 ist der höchste Keller Limburgs und hat drei Hausnummern. Im ältesten Haus der Stadt kann man im Mörtel der Treppe eine Münze entdecken. Den Kölner Pfennig aus dem Jahr 1190. Auch der nahe gelegene Keller des Werner-Senger-Hauses ist sehenswert. Er stammt aus der Zeit vor dem Stadtbrand 1289 und wurde 1802 zum Gefängnis für einen bis heute berühmten Insassen, den Schinderhannes. Die Geschichten sind so unterschiedlich wie erstaunlich. In zwei Kellern befinden sich Grabsteine. In zwei weiteren waren Mikwen, jüdische Ritualbäder, untergebracht.

TIPP

Die Führung zeigt fünf bis sechs teilweise wechselnde Keller.

● Kellerführung Limburg, Tourist Information, Barfüßerstraße 6, 65549 Limburg an der Lahn, Tel. (0 64 31) 61 66, www.touristinfo-limburg.de
● ÖPNV: Diverse Busse, Haltestelle ZOB Limburg

Kulinarische Weltreise

69 Das Restaurant 360° in Limburg

Wo kochen eine Kunst ist, entstehen wahre Geschmackserlebnisse. Wer im 360° isst, begibt sich auf eine kulinarische Reise um die Welt. Inhaber und Sternekoch Alexander Hohlbein kombiniert die klassische französische Küche mit asiatischer Leichtigkeit und orientalischen Einflüssen. Dafür hat er zahlreiche Auszeichnungen von Guide Michelin, Gault Millau und Der Feinschmecker erhalten. In vier bis acht Gängen arrangiert das 360°-Team die Vielfalt und Aromenstärke der unterschiedlichen Länderküchen perfekt auf jedem einzelnen Teller. Die exklusive Abendkarte bietet jedes Quartal eine neue Expedition. Einen Kurztrip in die Genusswelt des inspirierenden Restaurants bietet die Lunchkarte. Drei feine Gänge beweisen, wie intensiv und leicht ein kreatives Menü schmecken kann. Neben der Vorspeise und einem Fleisch-, Fisch- oder vegetarischen Hauptgang wählt man zwischen Käseplatte und Dessert sein Dreigangmenü. Die saisonal geprägte Mittagskarte wechselt alle 2 bis 3 Wochen.

TIPP

Koch-Workshop anfragen.

2016 hat Alexander Hohlbein das 360° gemeinsam mit seiner Partnerin Rebekka Weickert über den Dächern von Limburg eröffnet. Nach einer klassischen Kochausbildung und Stationen in der Villa Rothschild und bei Kevin Fehling kocht der Limburger mit seiner zehnköpfigen Mannschaft von mittwochs bis samstags für bis zu 35 Gäste. Seinen Stil beschreibt er als frisch, leicht, lebendig und von persönlichen Geschmacksvorlieben geprägt. Im Gastraum findet Rebekka Weickert als Gastgeberin und Sommelière zu jedem Gericht den passenden Wein aus einer 150 Positionen umfassenden Weinkarte.

Mit ihrem Konzept möchten die Inhaber Menschen zum Genuss verführen. Im minimalistisch und stilvoll eingerichteten Restaurant gibt es keine Kleiderordnung oder spezielle Attitude. Dafür darf man die Köche in der gläsernen Küche beobachten. Oder auf der 800 Quadratmeter großen Dachterrasse bei gutem Wetter im Loungebereich oder an einem der Tische zwischen Tomaten- und Kräuterbeeten den traumhaften Ausblick und ein unvergessliches Menü genießen.

- Restaurant 360°, Bahnhofsplatz 1 a, 65549 Limburg an der Lahn, Tel. (0 64 31) 2 11 33 60, www.restaurant360grad.de
- ÖPNV: Diverse Busse, Haltestelle ZOB Limburg

70 Genuss beim Wochenmarkt in Limburg

Im Mittelalter hatte jede Stadt einen Marktplatz. Auf Wochen- und Jahrmärkten wurde Handel in Form von Kauf und Tausch betrieben. Von Früchten über Großvieh war alles geboten. Die Zeiten haben sich geändert. Nicht in jeder Stadt existiert heute noch ein Wochenmarkt. Dieser kommunikative Treffpunkt und die Möglichkeit, frische Produkte direkt vom Erzeuger zu erwerben, ist in Limburg erhalten geblieben. Dem Zeitgeist entsprechend hat sich das Angebot zum Glück verändert. Statt ganzem Rind und regem Warentausch wird heute eine feine Auswahl an ausgesuchten Sinnesfreuden zum Kauf angeboten. Regionales und exotisches Obst und Gemüse, Weine aus dem Rheingau, Käse, Fleisch, Wild und Geflügel sowie Eier und Kartoffeln aus der Region erwarten die Besucher ebenso wie frisch gebackenes Brot. Saisonal wechselnde Pflanzen von Tulpen über Pfingstrosen bis zu Sonnenblumen runden das Angebot ab.

An jedem Samstag freuen sich die Händler auf saloppe Gespräche und die fachkundige Beratung ihrer Kunden. Die Besucher schlendern gemütlich zwischen den 20 bis 30 Ständen hin und her, wählen zwischen Antipasti und Honig, Bockshornkleekäse und Wildbratwurst, Rosen und Kresse ihre Wochenend-Favoriten. Vor Ort kann man gemütlich ein Glas Wein trinken, Kuchen oder einen kleinen Snack genießen. Einige Standbetreiber sind seit vielen Jahren vor Ort. So bietet Achim Schröder seit 1986 Obst, Gemüse und Backwaren aus kontrolliertem biologischem Anbau auf dem Limburger Markt an. Frisch geerntete Salate und Kräuter aus der Region können bei ihm ohne Umwege erworben werden. Fast genauso lange berät Käsereuter seine Kundschaft. Das feine Sortiment der Familie Haupt umfasst 300 verschiedene Käsesorten aus Ziegen-, Schafs- und Kuhmilch. Hier kann jeder probieren und seinen Lieblingskäse finden. Die Spezialitäten kommen direkt aus der Schweiz, Frankreich, Italien und Spanien. Am Mittwoch findet der Markt mit einer kleinen Auswahl an Ständen statt.

● Wochenmarkt, 65549 Limburg an der Lahn
www.wochenmarkt-limburg.de (Mi. 11–18, Sa. 7–14 Uhr)
● ÖPNV: Diverse Busse, Haltestelle ZOB Limburg

Kleben bleiben

71 Die Gum Walls der Limburger Innenstadt

Als Smiley bezeichnet man laut Wikipedia die grafische Darstellung eines Gesichtsausdrucks. Die bunten Symbole werden häufig verwendet, um Stimmungen wiederzugeben. Die Emoticons der Limburger Gum Walls lächeln vorübergehenden Passanten freundlich entgegen. Sie sind bester Stimmung, obwohl man ihnen ständig „eine" klebt.
Mit „eine" ist „eine Ladung Kaugummi" gemeint. Kaugummis in den unterschiedlichsten Geschmacksrichtungen mit variantenreichen Zusätzen sind bei Jung und Alt nach wie vor beliebt. Im Schnitt kaut jeder Deutsche 100 Streifen pro Jahr. Die elastische Masse soll beim Konzentrieren, Abnehmen und gegen Karies helfen. Es gibt Angebote mit Nikotin oder Koffein, gegen Reiseübelkeit, um den Appetit zu zügeln und die Zähne zu pflegen. Aber was passiert, wenn der Kau-Spaß zu Ende ist?
Unter dem Motto „Kauen, kleben, gehen" können Fußgänger ihren Kaugummi in Limburg auf einer Gum Wall entsorgen. Statt auf der Straße oder unterm Schuh landet das klebrige Gummi idealerweise auf einer A3 großen Fläche mit 48 Smileys. Die witzige und praktische Alternative funktioniert ganz einfach: Wer seinen Kaugummi entsorgen möchte, sucht einen der roten Kästen mit den auffälligen, farbenfrohen Smileys. „Kaugummi bitte auf die Bildchen drücken" steht auf jeder Wall. Sind alle Smileys beklebt, findet sich unter der Wand eine Auffangschale.
Zwölf Gum Walls wurden in der Innenstadt aufgehängt – am Neumarkt, in der Grabenstraße, in der Werner-Senger-Straße, am Europaplatz, am Bahnhofsvorplatz und vor der Marienschule. Laut Herstellerfirma landen so 40 bis 60 Prozent weniger Kaugummis auf dem Boden. Das ist nicht nur eine Aufwertung des Stadtbildes, sondern auch eine Kostenersparnis für die Stadtreinigung.
Ähnlich wie beim Original in Seattle haben sich die kuriosen Automaten zwischenzeitlich auch in Limburg zum beliebten Fotomotiv entwickelt. In den USA entstand die erste Gum Wall in den 1990ern. Sie ist bis heute eine Touristenattraktion.

- Gum Walls, Innenstadt, 65549 Limburg an der Lahn
- ÖPNV: Diverse Busse, Haltestelle ZOB Limburg

www.gum-wall.de
Kaugummi bitte auf
die Bilder drücken
www.GUM-WALL.de Kaugummis bitte hängen lassen!
Oder hier einwerfen
Kauen-Kleben-Gehe
Vital KONTOR

Ein tierisches Vergnügen

72 Der Malkurs auf dem Lindenhof

Wer einen Mal-Workshop bei Doris Happ in Weilburg-Hasselbach bucht, taucht für ein Wochenende in einer bunten Welt aus Eindrücken ab. Im umgebauten Bauernhof in Hasselbach hat die Künstlerin ihr eigenes Atelier. In der besonderen ländlichen Atmosphäre bietet sie außerdem Anfängern und Fortgeschrittenen malerische Workshops.
Um ein eigenes Werk zu schaffen, benötigen die Teilnehmer keinerlei Vorkenntnisse. Wer Freude am Ausprobieren und Gestalten hat, ist hier gut aufgehoben. In Kleingruppen von fünf bis sechs Personen werden zunächst Grundlagen zu den unterschiedlichen Maltechniken vermittelt. Das Malen mit Acrylfarben und Gouache kann ebenso ausprobiert werden wie das flüssige Arbeiten mit Aquarellfarben.
Weil die Malerin für ihre imposanten Kuhbilder bekannt ist, entscheiden sich Teilnehmer häufig dazu, ein ähnliches Motiv umzusetzen. Andere nutzen das freie Angebot, um ein abstraktes Kunstwerk zu gestalten. Neben den unterschiedlichen Malmöglichkeiten werden Mischtechniken vorgestellt. Hier kommt unter anderem Pastellkreide zum Einsatz. Weil die Kursleiterin ein Fan von Collagen ist, bietet sie außerdem eine Auswahl an weiteren Medien, von Zeitungsausschnitten über Spitzendeckchen bis zu Seidenpapier und Notenblättern, an. Manchmal bringen die angehenden Künstler persönliche Fotos mit, die sie einarbeiten möchten. In jedem Fall entsteht ein ganz individuelles Werk auf der weißen Leinwand. Völlig unabhängig davon, ob man bereits Erfahrung mit kreativen Projekten hat oder Anfänger ist. Bei Doris Happ findet jede(r) seine kreative Ausdrucksform.
Am Ende eines zweitägigen Kurses stehen dann abstrakte Arbeiten mit Collageelementen neben witzigen, bunten Kuhgemälden und Strukturbildern, die durch die Zugabe von Sand und Salz entstanden sind. Alle Teilnehmer eint die Freude am Entstehungsprozess und der Stolz auf das Ergebnis. In lockerer Atmosphäre lässt sich im Tun der Alltag vergessen und vielleicht ein neues Hobby entdecken.

● Malkurs Doris Happ, Lindenhof 2, 35781 Weilburg-Hasselbach, Tel. (0 64 71) 5 14 75, www.dorishapp.de

Oh, wie schön,
dass ihr alle
hier seid!

Aussichtsreiche Momente

73 Auf dem Baedeker Felsenweg in Bad Ems

Wer den Baedeker Felsenweg erwandert, entrückt Schritt für Schritt der Welt. Bergauf geht es vorbei an den winzig kleinen Heinzelmannshöhlen bis zu einem spektakulär schönen Aussichtspunkt mit Relaxbank und atemberaubendem Blick auf das elegante Bad Ems.
Die Rundtour startet und endet am Hauptbahnhof von Bad Ems. Mit einem weiß-blauen Quellensymbol ist der 3,3 Kilometer kurze Weg ausgewiesen. Zunächst geht es über eine der herrlichen weißen Lahnbrücken vom Bahnhof aus zum Fluss. Weiter Richtung Grandhotel, ein paar Meter bergauf, bis rechts der Concordiaturm in einer Seitengasse zu sehen ist. Stufe für Stufe überwindet man fix einige Höhenmeter und hat nun nur noch wunderschöne Waldwege vor sich. Entlang der berühmten Bäderlei lassen sich die prachtvollen Gebäude des Kaiserbades bestaunen. Nach ein paar kleinen Weggabelungen steht man vor einem hellen Felsen mit handgroßen, unendlich tief erscheinenden Hohlräumen. Diese „Heinzelmannshöhlen" sind ein geomorphologisches Naturphänomen. Verzückt schielt man hinein, die Namensgebung scheint sofort einleuchtend. Weiter geht es bis zum nächsten Felsvorsprung hoch über der Stadt. Zwischen alten Bäumen und schroffen Felsen erstrahlen Lahn, Kurpromenade und blumengeschmückte Brücken. Auf dem silbrig glänzenden Fluss treiben gemächlich ein paar Schiffchen. Mit einem Picknick wird die Pause auf einer der Panoramabänke zum Highlight des Tages. Weiter geht es zur Mooshütte. Auch an dem beliebten Treffpunkt Verliebter ist der Ausblick einzigartig.
Der wildromantische Felsenpfad wurde bereits im 19. Jahrhundert vom Reiseführerpionier Karl Baedeker als wundervolle Möglichkeit gepriesen, die Bad Emser Landschaft zu entdecken. Der Schriftsteller Dostojewski bezeichnete sie als die malerischsten Felsen der Welt.
Die Rundtour lässt sich in 1,25 Stunden bewältigen. Nutzt man sie für einen Plausch mit lieben Menschen, werden daraus schnell 2 oder 3. Wer mehr Natur genießen möchte, kann die Wanderung um eine Etappe des kreuzenden Lahnwanderwegs oder um den Premiumweg Höhenluft erweitern.

- Baedekers Felsenweg, 56130 Bad Ems
- ÖPNV: RB 23, RE 25, Hauptbahnhof Bad Ems

MOOSHÜTTE
Um 1830 an Stelle einer
Mooshütte errichtet
1919 abgebrannt
vom Kur u. Verkehrsverein
1992 wieder aufgebaut

Happiness is a lifestyle

74 STIJL. der Concept-Store

Mitten in der Altstadt, in einem der gepflegten Fachwerkhäuser auf dem Weg zum Dom, hat im April 2022 „STIJL.concept" eröffnet. Vor der Tür ziehen helle Holzbänke mit flauschigen Kissen, eine Palme im Bastkorb und edle Rattanlaternen die Blicke auf sich. Wer die vier Treppenstufen zum Laden nimmt, findet sich in einer lichtdurchfluteten, entspannten Urlaubswelt wieder. Ein Gefühl wie auf Mallorca, Ibiza oder Bali, in Stockholm oder Kopenhagen wird wach.

Wer skandinavisches Design mag und bei Elementen des Bohemian Lifestyles ins Schwärmen gerät, wird den Concept-Store von Carmen Heynen lieben. Die Inhaberin hat sich mit dem 90 Quadratmeter großen Laden ihren Lebenstraum erfüllt. Als ausgebildete Mode- und Stilberaterin weiß sie, wie man Empfindungen optisch in Szene setzen kann. Die Atmosphäre ist unaufgeregt und freundlich. Hier wird keine Ware, sondern ein Lebensgefühl angeboten.

Eine fein kuratierte Mischung aus skandinavischer Mode, Boho-Wohnaccessoires und edlen Wellnessprodukten lädt zum Stöbern ein. Kleider, Hosen, Mäntel, Strick- und Sweatteile sowie Sneakers & Boots in Schwarz, Weiß, Khaki und Sand von Marken wie Zhrill, Cotton & Candy, Club L'avenir, Bypias, Juul & Belle und mbyM begeistern Kundinnen, die etwas Besonderes und gleichzeitig Zeitloses suchen. Wer sich beraten lässt, könnte sein neues Lieblingsteil finden.

Lampen, Teppiche und Tischsets aus Seegras, weiche Kissen und Plaids, Geschirr in sanften Farben und eine riesige Rattan-Schaukel wecken Südsee-Feeling zu jeder Jahreszeit. Und in jedem Heim. Wer unsicher ist, welche Accessoires zu den eigenen vier Wände passen, macht ein Foto und lässt sich vor Ort beraten.

Um die Seele zu erfreuen, sind die sanften Wellnessprodukte wie fein duftende Kerzen und Cremes von Meraki ideal. Außer der Umkleidekabine und der Theke kann man alles kaufen. Um ein Stückchen der herzenswarmen Stimmung mitzugeben, verpackt das Team jedes Teil wie ein Geschenk.

- STIJL.concept, Fischmarkt 16–17, 65549 Limburg an der Lahn, Tel. (0 64 31) 7 79 79 00, www.stijl-concept.de
- ÖPNV: Diverse Busse, Haltestelle ZOB Limburg

Hier hat das Glück Flügel

75 Die einzigartige Vogelburg in Weilrod

Schon von Weitem verzaubert die großzügige Anlage der Vogelburg. Tausende Tonnen Naturstein wurden auf dem ehemaligen Gelände eines Wildgeheges zu einem burgartigen Park verbaut. Torbögen, Türen, Fensterrahmen aus Sandstein, Verzierungen und Skulpturen sind zu imposanten Volieren und weitläufigen Freiluftanlagen neu zusammengefügt. Aus den unzähligen Elementen diverser Abrisshäuser entstand ein burgähnliches Ensemble. Die Vogelburg vereint heute die unterschiedlichsten Baustile. Vom Barock über Biedermeier bis zum Jugendstil, inklusive eines türkisfarbenen Zwiebelturms.

Die 10.000 Quadratmeter große Anlage mit ihren 37 Häusern ist die Heimat für 700 exotische Vögel. Dazu gehören Papageien wie Aras, Blaustirnamazonen, Graupapageien, Rotmasken- und Braunohrsittiche und Kakadus. Viele Vögel sind handzahm, lassen sich füttern und überraschen den Besucher mit ihren Redekünsten und akrobatischen Klettereien. Die Tiere wurden mit viel Liebe und Fachkenntnis so gruppiert, dass sie sich entfalten können. In jeder Voliere gibt es eine Rangordnung unter den Papageien. Der Ranghöchste sitzt oben, isst als Erster und bevorzugt energiereiche Leckereien wie Sonnenblumensamen, Nüsse, Obst und Gemüse. Die Tiere faszinieren durch ihre Farbenpracht, Gelehrigkeit und unterschiedlichen Charaktere. Ein Liebling der Besucher ist der Kakadu Emma. Die weiße Dame ist so zutraulich, dass jeder sie sofort ins Herz schließt.

Die deutschlandweit einmalige Vogelburg entwickelte sich 1981 auf Initiative eines Vogelliebhabers. Der Park ist von Anfang an eine Schutzburg für Papageien, die von privaten Haltern aus den unterschiedlichsten Gründen abgegeben werden. Aras und Amazonen, Kakadus, Loris und Sittiche werden teilweise bis zu 80 Jahre alt. Der Unterhalt der pflegeintensiven Tiere wird durch die 4000 Mitglieder des Vogelburgclubs und Eintrittsgelder finanziert.

Wer die Faszination der Tiere und den beglückenden Ort live erleben möchte, kann die Vogelburg vom 15. März bis 31. Oktober täglich von 10 bis 18 Uhr besuchen.

● Vogelburg Weilrod, Vogelpark 1, 61276 Weilrod-Hasselbach, Tel. (0 60 83) 10 40
www.vogelburg.de

Mit allen Sinnen genießen

76 Das Little Kitchen in Limburg

Wer die Eingangstür des Little Kitchen im Stammhaus in der Frankfurter Straße öffnet, findet sich in einer festlichen Welt aus hohen Gasträumen mit riesigen runden Fenstern, großartigen Lüstern, champagnerfarbenen Stühlen, weißen Tischdecken und einer edlen Bar wieder. Hier möchte man sofort Platz nehmen. Dann verpasst man allerdings den ebenso stylischen wie verwunschenen Außenbereich. Auf mehreren Ebenen erwarten grün umrankte Holzterrassen die Gäste mit einladenden Korbmöbeln. Besonders charmant und großzügig ist die überdachte Buddha-Lounge. An der BBQ-Station werden bei Grill-Events Steak und Co. serviert.

Seit 2008 veranstaltet das Little Kitchen exklusive Events. Neben Firmenfeiern und privaten Anlässen finden mehrmals im Monat besondere Menüabende statt. Unter dem Motto „Eat & Lounge" wird in der stilvollen Atmosphäre bei chilliger Musik ein saisonal wechselndes Zehn-Gänge-Menü angeboten. Zweimal im Jahr erstrahlen bei der „Nacht der Lichter" im ganzen Garten unendlich viele Kerzen und Lampions. Der exklusive Blick auf den Dom und das fein abgestimmte Essen machen diese Abende zu Highlights. Neben den Abendveranstaltungen bieten Neujahrs- und Osterbrunch Gelegenheit, die Kochkunst des Teams um Michael Ricciardi kennenzulernen. Die internationale Küche mit italienischem Einschlag wird mit Trendgerichten aus der Molekularküche und regionalen Speisen immer wieder neu kombiniert. Vom Welcomedrink über feine Speisen bis zum Nachtisch fühlt man sich hier zu jeder Jahreszeit rundum wohl.

Neben den Veranstaltungen werden für Gruppen Kochkurse organisiert. Für Geburtstagspartys, Firmenveranstaltungen und Hochzeiten bietet das engagierte Team mit der Werkstadt Lounge und dem Vierseitenhof Domäne Blumenrod weitere interessante Locations.

Der Name „Little Kitchen" entstand, als der Inhaber in den Anfangszeiten einen mobilen Grillwagen entwickelte und diesen so nannte. Mittlerweile arbeiten zehn feste und bis zu 40 saisonale Mitarbeiter für das Unternehmen.

- Little Kitchen, Frankfurter Straße 42, 65549 Limburg an der Lahn, Tel. (0 64 31) 47 83 25, www.little-kitchen.de
- ÖPNV: Diverse Busse, Haltestelle ZOB Limburg

Großartige Kleinkunst

77 Himmlisch: Kultur im Keller in Montabaur

Adolf Becker-Flügel wollte seiner Heimatstadt einen historischen Ort hinterlassen, an dem Kultur gelebt werden kann. Aus seiner Initiative entstand der Historica Gewölbekeller. In jahrelanger ehrenamtlicher Arbeit wurden die Räumlichkeiten neu erschlossen. Seit 2017 wird an diesem besonderen, fast mystischen Platz ein umfangreiches kulturelles Programm geboten.

Geht man durch den beleuchteten Rundbogen „Historica Gewölbekeller" zwischen wunderschönen grünen Hecken den schmalen Weg entlang, fühlt man sich sofort willkommen. Neben dem Empfang ist die Bar. Links geht es in den hinteren Gewölberaum. Hier finden die unterschiedlichsten Veranstaltungen statt.

Das Bauwerk aus dem 19. Jahrhundert bietet Musikern und Kabarettisten, Schauspielern und Autoren aus ganz Deutschland einen einzigartigen Rahmen. Der 2022 neu gegründete Förderverein „Kultur im Keller" möchte diese kulturelle Vielfalt weiter fördern. In der Reihe „Kultur an krummen Dienstagen" bietet die Bühne eine originelle Mischung aus regionalen und überregionalen Künstlern an. Von Chansons über Jazz, Pop und Schlager bis zu Folk erwartet die Gäste ein abwechslungsreiches Musikprogramm. Auch unterhaltsame und besinnlich stimmende Lesungen erfreuen die Besucher. Beim Jazzkonzert wippen die Füße aller Zuschauer, viele Köpfe gehen im Rhythmus mit. Beim Chanson-Abend kommen die Gäste ins Träumen. Und während der Lesungen geht es mal unterhaltsam, mal inspirierend-nachdenklich zu. Immer erlebt man das Dargebotene auf der kleinen Bühne hautnah mit.

Zusätzlich bietet „Kultur im Keller" Themenabende und Specials, wie ein Irish-Folk-Event inklusive Whisky-Tasting. Oder den italienischen Abend mit passendem Antipasti-Angebot. Die Veranstaltungen berühren nachhaltig. Dafür sorgt die wundervolle Atmosphäre. Eine Kombination aus niedrigem Gewölbe mit stimmungsvoller Beleuchtung, geschichtsträchtigen Backsteinwänden und interessierter Gesellschaft. Die Räumlichkeiten können auch für Feste gemietet werden.

● Historica Gewölbe/Kultur im Keller, Kolpingstraße/Ecke Hospitalstraße, 56410 Montabaur, www.kultur-im-keller.de

Sonne, Strand & Moin

78 Chilltime im Cargo Beachclub

Für alle, die Urlaub mit Strand und Meer verbinden, ist der Cargo Beachclub unterhalb der alten Lahnbrücke in Limburg ein Sehnsuchtsort. Ganzjährig nimmt man in den Loungesesseln im hinteren Bereich Platz oder sucht sich einen Liegestuhl unter einem der riesigen Bäume. Zwischen Lichterketten und nordischer Deko lässt sich herrlich entspannen. Während der Blick umherschweift, kommen die Gedanken zur Ruhe und die Füße ziehen im Sand Kreise. Den besten Ausblick hat man auf dem Stadtdeich-Podest. Die kleinen Snacks wie Metzger-Currywurst, Flammkuchen und Antipasti schmecken auf jedem Platz gleich gut.

Wenn man bei Eistee, Wein und Co. die Lahn und den Dom bewundert, läuft im Hintergrund dezente Loungemusik. Eine große Auswahl an alkoholfreien Cocktails versüßt auch den Besuchern, die per Auto gekommen sind, den Aufenthalt. In kühlen Abendstunden verbreitet ein Sommerfeuer zwischen Bar und Kombüse, Liegestühlen und Loungebereich wohlige Stimmung.

Einheimische wie Touristen genießen hier ihren Sundowner. Jung und Alt treffen sich bei Hip-Hop oder Elektro-Musik. Beschaulich wird's während Kinoabenden und DIY-Workshops. Eine besondere Atmosphäre bietet auch der Cargo-Beachclub-Weihnachtsmarkt. Seit 2016 lockt im November und Dezember ein riesiger Weihnachtsbaum an den Strand. Wem es darunter trotz Lagerfeuer, Winzerglühwein, leckeren Tees und Kartoffelsuppe zu kalt wird, der wechselt in das warme, liebevoll dekorierte Pagodenzelt. Oder kuschelt sich auf den Holzbänken in ein Schafsfell bzw. an den Nebenmann.

Unter dem Motto „Urlaub vom Alltag" haben Kathrina Rausch und Nina Roos hier ihren persönlichen Traum verwirklicht. Mit der Unterstützung von Ronald Veys bringen die Hamburger Deerns ein Stück Heimat nach Limburg. Vor Ort werden die Gäste mit „Moin, Moin" und dem Graffito des Hamburger Streetartisten „Rebelzer" begrüßt. Das chillige Konzept wirkt, der Cargo Beachclub bietet ganzjährig behagliche Momente.

TIPP

Die Altstadtkneipe Cargo Kajüte versprüht Urlaubsfeeling, wenn der Beach geschlossen ist.

- Cargo Beachclub Limburg, Inselweg 1 a, 65549 Limburg an der Lahn
  www.cargobeach.de
- ÖPNV: Bus LM-2, Haltestelle Westerwaldstraße

SCAVI &
SALITOS

Gut behütet

79 Mit Namico Hatdesign in Taunusstein

Manchmal spürt man schon beim Aufstehen, dass der Tag besonders wird. Wer dann Mut zum Hut hat, macht aus seinem Outfit ein Statement. Im Handumdrehen werden Jeans und Bluse mit einer Kopfbedeckung zum coolen Look. Ein klassisches Kostüm bekommt durch einen Hut Stil, ein Hosenanzug wird mit dem passenden Accessoire zum Gesamtkonzept.

Die Queen war lebenslang die Königin der Hüte. Ihre edlen Stücke waren nicht nur ihr Signet, sondern manchmal auch ein politischer Kommentar. Und wer erinnert sich nicht gern an die unvergleichlich elegante Audrey Hepburn mit ihrem einzigartigen Hut in „Frühstück bei Tiffanys"?

Heutzutage setzen Frauen das Schmuckstück im Alltag weniger selbstverständlich ein. Dabei gibt es für jeden Kopf den passenden Hut. Um das perfekte Modell zu finden, werden Kopfform und -größe, Haut- und Haarfarbe berücksichtigt. Dann wählt man zwischen Glockenhut, Fischerhut, Trilby, Fedora, Pork Pie, Bowler, Stroh- und Filzhut oder versucht es mit einem Fascinator.

TIPP
Hut-Typtest auf der Homepage machen!

Neben individuell angefertigten Traummodellen bietet Cornelia Palzer Hut-Workshops. Innerhalb eines Wochenendes entsteht die selbst gemachte Version des Lieblingshutes mit Hilfe der leidenschaftlichen Hutmacherin. Vor Ort wird das Material gewählt, ein Hutmodell und die passende, meist zweiteilige Holzform ausgesucht. Egal, ob Filz oder Stroh, die Stumpen werden bedampft und über den oberen Teil der Holzform – die Krone – gezogen. Mit Dampfbügeleisen und ganzem Körpereinsatz wird der Rohling weiterbearbeitet. Dann wird der untere Teil der Form, die Krempe, angesetzt und ähnlich verfahren. Am zweiten Tag werden alle Hilfsmittel entfernt. Die feinen Näh- und Schneidearbeiten beginnen. Hier ist Konzentration gefragt. Das Schweißband wird eingenäht und die Hutgarnitur ergänzt. Unglaublich, wie viele Schritte notwendig sind, denkt man stolz, wenn das eigene Werk auf dem Kopf sitzt. Dieser handgemachte Hut ist ein langlebiges Statement, Schutz gegen Sonne und Kälte sowie ein absoluter Glücklichmacher.

● Namico Hatdesign, Yeoviler Straße 5, 65232 Taunusstein, Tel. (0 61 28) 8 70 96 41
www.namico-hatdesign.de

Driving home for Christmas

80 Der Christkindlmarkt in Limburg

Auf kleinen kopfsteinbepflasterten Plätzen zwischen windschiefen Fachwerkhäusern findet von Ende November bis Ende Dezember in Limburgs Alt- und Neustadt alljährlich der charmante Christkindlmarkt statt.
In der Altstadt locken Kornmarkt und Plötze mit einem umfangreichen Rahmenprogramm tagsüber besonders Familien an. Auf einer kleinen Bühne zeigen die unterschiedlichsten Gruppen aus der Region ihr Können. Advents- und Weihnachtsgesang, ein riesiger Tannenbaum, das Adventskalenderhäuschen mit täglicher Verlosung und das kleine Karussell schaffen vorweihnachtliche Stimmung. Am Abend, wenn die verwinkelten Gässchen und die mittelalterlichen Plätze von tausend kleinen Lichtern geschmückt sind, kommen Touristen und Einheimische bei Glühwein und Co. an den kleinen Holzhäuschen und Stehtischen ins Gespräch.
Der Duft von gebrannten Mandeln und Maronen, Anisbonbons und die Musik des großen Nostalgie-Karussells, die Weihnachtspyramide und der hölzerne Schwibbogen locken die Gäste auf den Neumarkt. Zwischen Verkaufshäuschen mit warmen Gerichten wie Champignonpfanne und Dampfnudeln, heißen Waffeln und Punsch, Lumumba und einem Eierlikörchen stehen die Hobbyhäuschen. Hier zeigen Hobbykünstler ihr Können. Alle paar Tage wechselt das Angebot an künstlerischen Arbeiten wie Holzbrettchen und -figuren, individuell beschriftbaren Gläsern, handgestrickten Strümpfen und Mützen.
Egal, ob man in der Neu- oder Altstadt gemeinsam die glanzvollen Momente genießt, der Alltag scheint nach wenigen Minuten vergessen. Weil der Markt auch nach den Weihnachtsfeiertagen noch geöffnet ist, bietet er nicht nur den alljährlich heimkehrenden „Driving home for Christmas"-Limburgern Gelegenheit, Freunde und Bekannte zu treffen. Wenn der Ansturm vor den Ständen mit Getränken und Speisen zu groß wird, bietet sich ein Spaziergang durch die kleinen, ebenfalls beleuchteten Gässchen oder hinauf zum Dom an.

TIPP

Für eine Extraportion Lichterglanz lohnt ein Abstecher in die WERKStadt.

- Christkindlmarkt, Neumarkt/Plötze/Kornmarkt, 65549 Limburg an der Lahn
www.limburg.de
- ÖPNV: Diverse Busse, Haltestelle ZOB Limburg

Bibliografische Informationen der Deutschen Nationalbibliothek
Die Deutsche Nationalbibliothek verzeichnet diese Publikation in der Deutschen Nationalbibliografie; detaillierte bibliografische Daten sind im Internet über http://dnb.d-nb.de abrufbar.

Konzeption/Satz: Droste Verlag, Düsseldorf
Einbandgestaltung und Illustrationen: Britta Rungwerth, Düsseldorf, unter Verwendung von Bildern von © Fotolia.com: jd – photodesign.de; © iStock: Plociennik Robert
Fotos: Nicole Steffens, außer:
S. Bergfeld: S. 123; Cargo Beachclub: S. 163; Cineplex Limburg: S. 119; Paul Dillmann: S. 131; Eat Tandori: S. 27; Emser Therme: S. 109; Manuel Enderich EGDL-Mediateam: S. 97; Fare Tredici: S. 133; Geowelt Fortuna: S. 21; Grandpierre Design: S. 61; HAUSBOOTE Lahn: S. 19; Hotel Zur Krone: S. 139; jola@blaschczyk.de: S. 39; Katharina Müller Fotografie: S. 115; Dominik Ketz: S. 43; Kunstsammlung Limburg: S. 25; Lahntal Tourismus: S. 23, S. 35; Lahntours Aktivreisen: S. 77; Ute Laux: S. 107; Lernort Töpferscheibe: S. 53; Lindencult: S. 67; Liv Matthiesen: S. 89; Namico Hatdesign: S. 165; Linda Neuhofen: S. 145; Privat: S. 105; Rosenhang Museum: S. 129; Schifffahrt Vomfell: S. 55; Schloss Weilburg: S. 137; Schmetterlingspark Sayn: S. 95; Segway-Park Wetzlar: S. 37; Lisa Semmler: S. 81; Stadt Limburg: S. 33, S. 93, S. 113, S. 143; Stilvergnügen: S. 65; Thing: S. 125; Rudolf Wagner, Vogelburg: S. 157; WasserFEST: S. 121; WERKStadt Limburg: S. 141; Whisky-Kontor: S. 69; www.stock.adobe.com: S. 83 (pavel siamionov), S. 147 (Siegfried Schnepf), S. 167 (Comofoto); Yana Yoga Loft: S. 41

MIX
Papier aus verantwortungsvollen Quellen
FSC® C011279
FSC www.fsc.org

Druck und Bindung: LUC GmbH, Greven
ISBN 978-3-7700-2373-8

www.droste-verlag.de

STEFANIE ARLT

111 Rezepte für die Säure-Basen-Balance

Genießer-Gerichte für die ausgewogene Ernährung nach der Basen-Fasten-Kur

Für jeden Tag

humboldt